乡村产业振兴政策与发展模式

周华军　著

中国农业出版社
北　京

前言

农业、农村、农民问题，千百年来都是关系国计民生的基本问题。2017年10月18日，习近平同志在党的十九大报告中提出实施乡村振兴战略，目前已经进入全新的发展阶段。

乡村振兴战略已经取得的阶段性成果有：农业供给侧结构性改革正深入推进，农业农村现代化规划启动实施，脱贫攻坚政策体系和工作机制同乡村振兴有效衔接、平稳过渡，《中华人民共和国乡村振兴促进法》于2021年6月1日正式施行。

乡村建设行动正在全面启动，一幅万里江山的壮丽图景正在千千万万建设者面前徐徐展开，我国的农业、农村、农民，都将以崭新的面貌迎来乡村振兴带来的改革红利。

实施乡村振兴战略，其中主要的基础就是乡村产业振兴，而推动乡村产业振兴就是要推进农业现代化建设，构建现代农业产业体系、生产体系、经营体系，实现农村一二三产业深度融合发展。

因此，在乡村振兴大背景下，我们要抓住现代农业的发展趋势，更要抓住产业融合的发展趋势，通过构筑“大农业＋大健康＋大旅游”的发展模式，拉长产业链、提高附加值、增强核心竞争力，为建设美丽乡村出谋划策。

本书首先从国家意识层面解读乡村振兴战略的历史必然性和重要意义；其次，从农业产业的角度分析乡村发展的未来趋势；最后，通过案例解析乡村振兴产业发展的具体做法，供大家参考。

目 录

第五章　现代农业发展趋势

第六章　农村产业融合发展趋势

第七章　复合产业：大农业+大健康+大旅游

第八章　乡村产业振兴的模式

第九章　以运营思维抓乡村振兴

第十章　农产品区域公用品牌实体化运营

参考文献

第一章

乡村振兴战略及其意义

新时代我国社会的主要矛盾，是人民日益增长的美好生活需要和不平衡不充分的发展之间的矛盾。而乡村，一直以来是我国经济发展的薄弱环节。

第一节 我国为什么要实施乡村振兴战略

实行乡村振兴战略，是党中央在把握现阶段国情和发展阶段性特征的基础上，顺应城乡关系变化的大趋势，满足广大农民对美好生活的向往的重大决策，也是全面建设社会主义现代化国家、推进农村改革发展的必然选择。

一、农村依然是我国全面建成小康社会的短板

我国大部分农村经济发展比城市滞后，农村基本公共服务设施不完善，农民生活水平亟待提高，这都是我国经济社会发展中的短板。城乡发展差距过大，给我国的经济社会发展带来不协调的音调。

首先是农产品的供给质量和农民的经济收益都有待提高。我国农产品的结构存在很大优化空间，这就导致有些农产品的供给过多，有些过少，并且都存在质量不高的问题。比如大豆在我国的供给缺口逐年增大，其他的粮食品种增产再多，大豆也只能靠进口来满足需求。

其次是我国城乡居民收入差距较大，完成脱贫攻坚任务，有些地方返贫的可能性也很大。这就需要在这些地方投入更多的人力物力，也需要更加完善的制度和后续的保障兜底。

再次是我国农村基础设施和公共服务水平比较低。农村的公路、水运、信息、环保、物流等基础设施还不能完全满足农民生产生活的需求，特别是在偏远地区，“最后一公里”的问题十分突出。另外，农村的教育水平落后，教学质量偏低，医疗水平也跟不上，养老保障体系不完善，最低生活保障和特困救济标准低。

另外，农村的生态和环境问题比较突出。主要体现在因为环境污染，耕地退化严重，面源污染导致的土壤受损问题突出，村镇的垃圾污水排放得不到及时处理等，使得农村的生产生活受到极大影响（图 1–1）。

图1–1　燃烧的农田

最后是乡村的治理体系和治理能力落后，跟不上时代步伐。随着我国工业化、信息化、城镇化、市场化、国际化的深入发展，农村经济和社会改革也随之深入，新的社会矛盾不断产生，从而影响农村的和谐稳定。在农村，基层组织缺乏主人翁精神，较弱涣散，这就导致基层干部与农民之间的关系疏离，凝聚力不高，没有干劲儿。

以上问题不解决，乡村振兴就无从谈起。

二、乡村振兴是我国发展的阶段性特征的必然要求

我国改革开放40多年来，经济增长进入新常态发展阶段，这就意味着我国的经济增长速度放缓，这时候反而对经济的发展质量提出了更高的要求。我国的城镇化进程，也将摒弃在高增长时期形成的惯性思维，以便适应高质量的发展要求。

随着城镇化的发展，我国在2020年底已有一亿农民工及其家属在城镇落户，但是，长远来看，还会有更多的农村人口涌入城市。农业、农村、农民问题，仅仅依靠城镇化是不能完全解决的。因为，未来的很长一段时间内，我国的农村人口都将以相当大的数量存在，不是说把农民转为城市人口，“三农”问题就能解决了，而是要想方设法，发挥农村、农民自身的活力，激发农民生产生活的内在动力，才能让农民过上好日子。

目前我国国民收入整体已经达到小康水平，在此基础上，新的需求不断产生，这就给农村创造新的供给提供了更多的可能，也是农民返乡创业的机会。改革开放40多年中，我国经历了乡镇企业的异军突起，也经历过民工潮，现在正是城镇居民需求升级的又一个新阶段，必将产生更多更高层次的需求。特别是最近十几年来，社会主义新农村建设，使得很多农村的基础设施、生态环境大为改善，从而吸引很多城里人来农村休闲度

假，将田园生活与现代城市生活融为一体，城市和乡村之间的资源流动逐渐频繁，这正是农村产业兴旺的重点抓手，为农民开辟的第三就业空间必将迎来更大的发挥余地——通过产业融合，发展新产业、新业态，为农民在乡村振兴中提供更多就业机会，而不仅仅依赖农业生产（图 1–2）。

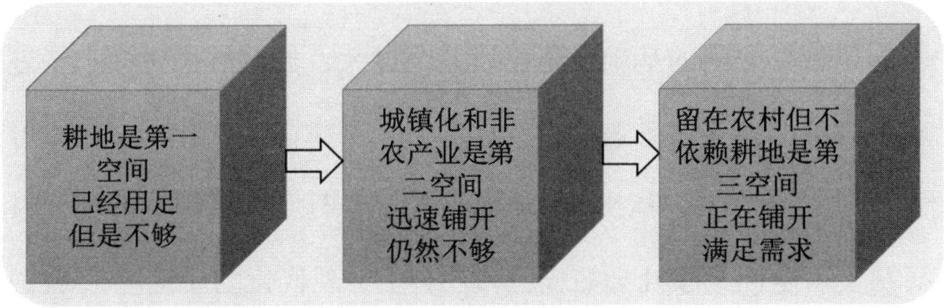

图1–2　农民第三就业空间

此外，随着农业现代化的发展，农业机械化的普及以及科技的进步，都使得农民从繁重的农业生产中解放出来，可以有时间、有精力从事其他产业，既使得老人、妇女更加胜任田间管理，又给青壮年劳动力提供更多外出就业的时间。这就给农民创收、新乡村建设提供了更多机会，农村将在供给侧提供更多的产品和服务，从而满足城镇居民的新需求。这正是乡村振兴的目的和意义。

三、乡村振兴是中国国情的必然选择

在中国，城市和农村的体量和规模巨大，如何带领 14 亿人口实现现代化，没有先例可循，没有现成的经验可以参考，只有自己去探索和实践。

我们国家的国土面积和人口规模巨大，地区情况千差万别。在开放的环境下，这么复杂巨型的系统，随着时间和情况的变化，会不断改变，其自身的运行特点、所遵循的规律都有极大的特殊性，与一般国家有很大差别，所以我们不能照搬照抄别国的做法来解决自身的问题。

即便我们最终实现 70% 的城镇化率，未来也将有四五亿人口生活在农村。所以，怎么让乡村激活起来，让农民富裕起来，需要我们用智慧去解决。如果城乡之间的基础设施建设差距过大，城乡居民生活水平差距过大，城乡之间的公共服务差距过大，那么社会主义现代化国家就不可能建成，正像习近平总书记指出的那样："农业强不强、农村美不美、农民富不富，决定着全面小康社会的成色和社会主义现代化的质量。"[①] 我国人多地少，农业人口比重很高，要实行现代化，难度很大，必须走自己独特的道路。

另外，在城市和乡村之间，经济、社会、文化和生态文明等方面都有不同的功能，城乡之间可以互补，增强城乡之间的流动，才能使整个国家的经济活动健康推进。即便城镇化发展迅速，也不能轻视乡村的位置。乡村不仅为城市提供生态保障，为人们提供基本的粮食和其他农产品，而且传承着千年农耕文化保留下来的优良传统和社会习俗，发挥了文明传承的功能。所以，乡村必须保留，乡村不能衰败，农民不能消失。

随着我国经济社会的发展，以及城镇化的深入，农业农村的功能除了保证 14 亿人口的吃饭问题，满足人们的基本生存，还要在教育、文化传

① 习近平：《在中央农村工作会议上的讲话》，新华网，2017 年 12 月 28 日。

承、环境保护、社会保障和经济缓冲方面，提供更多支撑。

四、实施乡村振兴战略是我国的重大使命

中央提出了三步走的战略目标。解决人民温饱问题和人民生活总体达到小康水平这两个目标已经实现。到2020年，我国建成经济更加发达、民主更加健全、科教更加进步、文化更加繁荣、社会更加和谐、人民生活更加殷实的小康社会，这一目标也已经实现。目前，我国正处于向社会主义现代化强国迈进的关键阶段。党的十九大对我国社会主义建设发展现阶段的中心任务作出了重大判断，那就是“中国特色社会主义进入新时代，我国社会主要矛盾已经转化为人民日益增长的美好生活需要和不平衡不充分的发展之间的矛盾。”

从实践看，发展不平衡，最突出的是城乡发展不平衡；发展不充分，最突出的是农村发展不充分。因为不平衡、不充分，不仅制约了农业农村发展，也制约了城镇化水平和质量的提升，进而会影响我国经济社会发展全局。所以，在实现第二个百年奋斗目标的进程中，使农业农村与城镇协调发展，是我们必须完成的重大任务，也是乡村振兴战略提出的大背景。

第二节　描绘乡村振兴的宏伟蓝图

“三农”问题是关系国计民生的根本性问题，中国要强，农业必须强；中国要美，农村必须美；中国要富，农民必须富。党的十九大报告作出实施乡村振兴战略的重大战略决策，并写入党章，乡村振兴成为新时代农业农村改革的新方向和新重点。

一、乡村振兴战略相关政策

乡村振兴是党的十九大提出的重大战略，是解决“三农”问题的重大行动。实施乡村振兴战略，需要兴在乡村农业、兴在乡村文明、兴在乡村产业、兴在乡村教育。习近平总书记在十九大报告中指出：要坚持农业农村优先发展，按照产业兴旺、生态宜居、乡风文明、治理有效、生活富裕的总要求，来实施乡村振兴战略。近年来，中央和各部委陆续发布了若干政策文件，为落实乡村振兴战略作出了重要部署。

2017 年 10 月 18 日，党的十九大报告指出，农业农村农民问题是关系国计民生的根本性问题，必须始终把解决好“三农”问题作为全党工作的重中之重，实施乡村振兴战略。

2018 年 3 月 5 日，国务院总理李克强在《政府工作报告》中明确，大力实施乡村振兴战略。

2018 年 9 月，中共中央、国务院印发了《乡村振兴战略规划（2018—2022 年）》，并发出通知，要求各地区各部门结合实际认真贯彻落实。

2021 年 2 月 21 日，《中共中央　国务院关于全面推进乡村振兴加快农业农村现代化的意见》，即中央 1 号文件发布，这是 21 世纪以来第 18 个指导“三农”工作的中央 1 号文件；2 月 25 日，国务院直属机构国家乡村振兴局正式挂牌。

2021 年 3 月，《中共中央　国务院关于实现巩固拓展脱贫攻坚成果同乡村振兴有效衔接的意见》发布，提出重点工作安排。

2021 年 4 月 29 日，十三届全国人大常委会第二十八次会议表决通过《中华人民共和国乡村振兴促进法》（以下简称《乡村振兴促进法》），从此，我国实行乡村振兴有法可依。

2021 年 5 月 18 日，司法部印发了《“乡村振兴法治同行”活动方案》。

2022 年 4 月 7 日，文化和旅游部、教育部、自然资源部、农业农村部、国家乡村振兴局、国家开发银行联合印发《关于推动文化产业赋能乡村振兴的意见》，明确提出到 2025 年，文化产业赋能乡村振兴的有效机制基本建立，汇聚和培育一批积极参与文化产业赋能乡村振兴的企业、机构和人才，推动实施一批具有较强带动作用的文化产业赋能乡村振兴重点项目，形成一批具有市场竞争力的特色文化产业品牌，建成一批特色鲜明、优势突出的文化产业特色乡镇、特色村落，推出若干具有国际影响力的文化产业赋能乡村振兴典型范例（图 1–3）。优秀传统乡土文化得到有效激活，乡村文化业态丰富发展，乡村人文资源和自然资源得到有效保护和利用，乡村一二三产业有机融合，文化产业对乡村经济社会发展的综合带动作用更加显著，对乡村文化振兴的支撑作用更加突出。

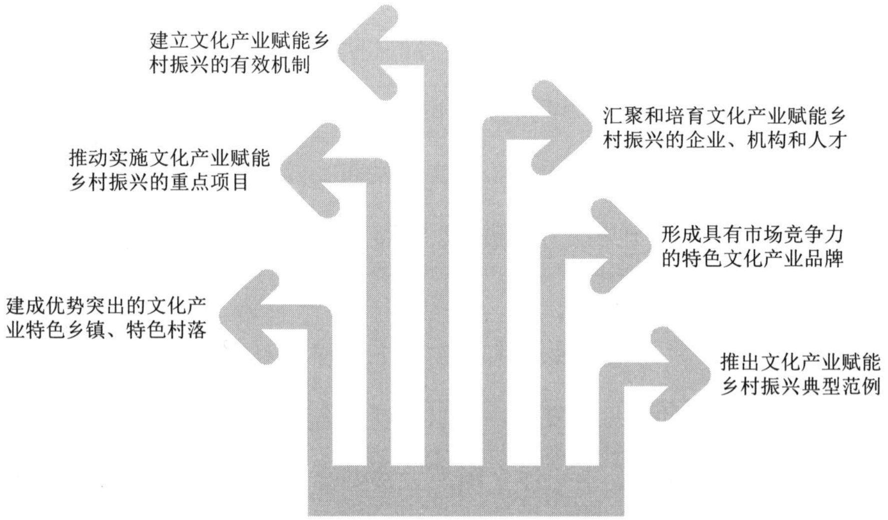

图1-3 文化产业赋能乡村振兴

二、乡村振兴战略的实现路径

全面实施乡村振兴战略，需要加强顶层设计，以更有力的举措、汇聚更强大的力量来推进，可以通过以下七条路径来实现。

（一）加快发展乡村产业

产业兴旺是乡村振兴的重要基础，是解决农村一切问题的前提。拓展乡村多种功能，通过全产业链拓展产业增值增效空间，积极发展农产品加工业，推动新产业新业态的健康可持续发展，完善利益联结机制，让农民更多分享产业增值收益，深化农村信用社改革等一系列有针对性的政策措施，为推动乡村产业发展壮大指明了方向和路径。

（二）加强社会主义精神文明建设

乡村不仅要塑形，更要铸魂。农村精神文明建设是滋润人心、德化人心、凝聚人心的工作，要绵绵用力，下足工夫，并从加强农村思想道德建设，开展形式多样的群众文化活动，推进农村移风易俗，注重农村青少年教育问题和精神文化生活等四个方面提出要求、作出部署。

（三）加强农村生态文明建设

生态宜居，是乡村振兴的内在要求。要保持战略定力，制定更具体、更有操作性的举措，对推进农业面源污染防治，健全草原森林河流湖泊休养生息制度，长江、黄河流域农村生态文明建设以及农业农村减排固碳等提出具体要求。

（四）深化农村改革

全面推进乡村振兴，必须用好改革这一法宝。围绕加快推进农村重点领域和关键环节改革，激发农村资源要素活力，提出一系列明确要求。深化农村改革，必须让广大农民有更多获得感。习总书记强调，凡是涉及农民基本权益、牵一发而动全身的事情，必须看准了再改，保持历史耐心，同时要尊重基层和群众创造，推动改革不断取得新突破。

（五）实施乡村建设行动

全面建设社会主义现代化国家，既要建设繁荣的城市，也要建设繁荣的农村。乡村建设需要从加强农村基础设施建设，注重保护传统村落和乡村特色风貌，加强分类指导等三个方面行动。

（六）推动城乡融合发展见实效

振兴乡村，不能就乡村论乡村，还是要强化以工补农、以城带乡，加快形成工农互促、城乡互补、协调发展、共同繁荣的新型工农城乡关系。这就需要强化统筹谋划和顶层设计，把县域作为城乡融合发展的重要切入点，强化基础设施和公共事业县乡村统筹，赋予县级更多资源整合使用的自主权等。

（七）加强和改进乡村治理

治理有效，是乡村振兴的重要保障。加快构建党组织领导的乡村治理体系，巩固农村扫黑除恶专项斗争成果，深入推进平安乡村建设，创新乡村治理方式。

三、实施乡村振兴战略的关键

乡村振兴，依靠的是广大农民的艰苦奋斗和领导者的卓越智慧，要做好长期努力的准备。如何推动产业振兴、人才振兴、文化振兴、生态振兴和组织振兴，需要大家共同努力摸索实践。可以抓住以下五个方面的关键问题：

（一）两手抓两手都要硬，新型城镇化和乡村振兴要两手抓

我国还处在城镇化持续推进的阶段，农民进城还是大势所趋。随着社会经济的发展，城镇比重上升，乡村比重下降是客观规律。为了让农村人口融入城镇生活，需要加快推进农业转移人口市民化的进程。要重新发现乡村的多元功能和价值，让乡村振兴和城镇化相协调，形成互惠互利的局面。

（二）农业农村要优先发展

落实到行动中，就是要在干部配备上优先考虑，在要素配置上优先满足，在基础设施和公共服务上优先安排，在资金投入上优先保障。

（三）要让农民的钱袋子鼓起来

深入推进农业绿色化、优质化、特色化、品牌化，打造“一村一品、一县一特”的发展格局。提升农产品的质量，既要生产得出来，还要质量高，这样才能卖得出、卖得好。要让农民能够分享到全产业链上的利益，做到分配合理。当然，这一切的前提还是先保证“粮袋子”安全。

（四）加强乡村文化建设，推动农村社会全面进步

要保存和传承我国数千年农耕文明流传下来的乡土文化，将民间表演艺术、传统戏曲、手工技艺、民俗活动等非物质文化遗产，和现代文明元素相结合，赋予乡村文化建设新的内涵，让乡村文明焕发出新的生机。同时要加强农村思想道德建设，创新乡村治理能力。

（五）做好乡村规划，打造宜居乡村

我国乡村正在经历千年以来大变局，有些乡村逐步走向城镇形态，有些乡村则保持原貌，还有的乡村则逐步衰落直至消失，这都是乡村演进的发展规律。针对不同的情况，要因地制宜、对症下药，基于乡村资源本身制定规划，符合乡村自身的特色和文化，挖掘乡村的田园和乡土价值，打造和谐美丽的宜居乡村。

第三节　乡村振兴的重大意义

新时代我国社会的主要矛盾已经转化为人民日益增长的美好生活需要和不平衡不充分的发展之间的矛盾。为了加快推进农村现代化进程，实现城乡融合和可持续发展，必然需要实施乡村振兴战略。

一、乡村振兴具有深远的历史意义和现实意义

从城乡发展的历史来看，乡村的富庶一直是我国盛世历史的标志，很多乡绅在城镇赚钱后，都喜欢荣归故里，回乡购置房产，从而宣告自己事业上的成功。新中国成立后，随着我国工业化进程的发展，乡村农业的发展为工业和城市的发展做出了巨大的贡献。特别是改革开放以来，乡村的发展，农民的辛勤劳作，为我国的工业化和城镇化进程发挥了重要的推动作用，中国农村发生了翻天覆地的变化（图 1–4）。所以，乡村振兴是处理农工关系和城乡关系的润滑剂。

图1–4　新农村建设

过去，中国是一个典型的以农耕为主的国家，中国社会也是一个典型的乡土社会，因此，乡土文化深深植根在我们每一个中国人心里，是挥之不去的情怀和热诚。所以，乡村振兴对于中国走出“中等发达国家陷阱”，坚持五大发展理念，建成社会主义现代化强国，都有十分深远的历史意义和现实意义，体现了我国乡村在实现中国梦的伟大征程中历史与现实的统一。

二、乡村振兴是建设现代化的必然要求

中央制定了推进国家治理体系和治理能力现代化的战略目标，乡村的治理能力一直是薄弱环节，但又是国家治理体系的基础工程。因此，推进乡村振兴战略，也是为了推进国家的治理体系向好发展。

《乡村振兴促进法》对于实施乡村振兴战略，推进乡村治理体系和治理能力的现代化意义重大，不仅契合了国家的乡村振兴战略，同时也为城乡融合的发展提供了坚实的法律保障。

此外，我国的农村人口在短时间内还将以巨大的数量存在，即便是城镇化达到 70% 左右，也依然会有 4 亿左右的人口在农村，如果不能实现乡村振兴和农业农村现代化，就谈不上国家的现代化。我国的乡村，普遍存在基础设施不足、生活条件落后等现象。而乡村如果像城市一样完善配套基础设施和服务，又有可能失去原有的乡土文化（图 1–5）。所以，怎么样提升乡村生活水平，又保留住原汁原味的乡土文化，这也是需要我们探索实践的。乡村振兴的目的也在于此。

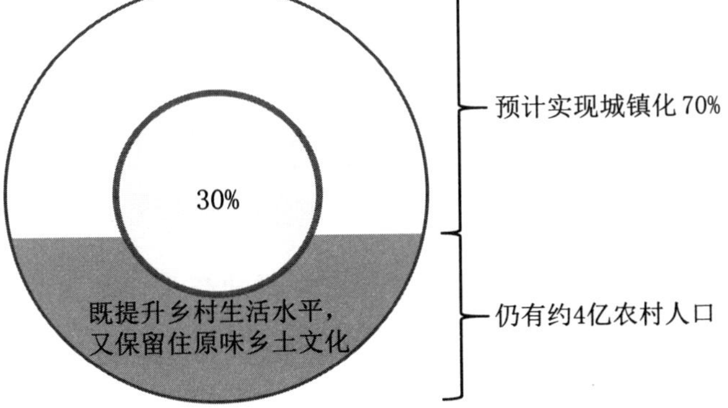

图1–5　城镇化进程

目前来看，我国的一些乡村比如陕西咸阳的袁家村、山东临沂的竹泉村等，已经利用传统的乡村资源，走上了乡村振兴的道路，提供了一些可供借鉴的模板，也证明乡村振兴具有内在潜力。

三、乡村振兴是对“以人民为中心”的理念的践行

治国有常，利民为本。为民造福是立党为公、执政为民的本质要求。党的十八届五中全会上提出“以人民为中心的发展思想”，这是习近平新时代中国特色社会主义思想的重要内容。乡村振兴战略也是围绕这一根本目的提出的。随着乡村振兴的推进，必将提升广大农村居民连带城市居民的生活幸福感，提升大家的生活质量，丰富大家的精神生活。

四、乡村振兴为新时代乡村发展提供新动力

一直以来，中央对农村农业农民问题都非常重视，一直在加大对农村的扶持力度。从 2004 年开始连续 19 年的中央 1 号文件都聚焦于农业、农村、农民问题，党的十七大和十八大也分别提出了城乡统筹和城乡一体化的发展思路，对推动农村发展、增加农民收入起到了重要的作用。

但是，之前的政策重点依然在城市，使用政策手段对农村实行反哺和支持，等于将农村放在了发展的从属地位。乡村振兴战略的提出，是将城市发展和乡村发展并驾齐驱，立足于乡村的产业、生态、文化等资源，注重发挥乡村的主动性，来激发乡村发展活力，建立更加可持续的内生增长机制。这一根本思路的转变，也确立了全新的城乡关系。

五、乡村振兴是用文化铸魂的顶层设计

华夏子孙创造了几千年辉煌的农耕文明，历史沉淀下来的优秀传统文化都在乡村得以留存和传承，是我们不能丢掉的根。这也更加确定了，在乡村振兴中，用文化铸魂的重要性。

我国在城镇化的过程中，吸引了大批农民工进城，将城市文化和习惯带入乡村，这与乡村文化难免发生冲突，乡村的文化生态迫切需要重塑。乡村振兴，通过文化铸魂，一方面可以解决城乡之间文化地位不均等、文化公共服务不平衡、文化产业发展不充分等问题；另一方面也能够继续传承、弘扬和振兴乡村的传统美德，取其精华弃其糟粕，同时抵制金钱至上的思想在乡村蔓延，通过文化创新，焕发乡村社会主义文明新气象。

所以说，乡村振兴是符合中国国情、符合中国发展规律、创新中国乡土文化的顶层设计，是物质与精神的双重追求，对于中国的社会主义先进文化建设，具有创新性的实践意义。

第二章

乡村振兴进入新阶段

从 2022 年起，我国的乡村振兴工作将步入基础设施建设重点领域寻求突破、公共服务和乡村治理体系不断完善、寻求高质量发展的新阶段。这一阶段要做好巩固脱贫攻坚成果与乡村振兴的有效衔接。

第一节　乡村振兴三步走

按照中央部署，乡村振兴战略的实施将分三步走：到2020年，乡村振兴取得重要进展，制度框架和政策体系基本形成；到2035年，乡村振兴取得决定性进展，农业农村现代化基本实现；到2050年，乡村全面振兴，农业强、农村美、农民富全面实现。

第一步：2018—2020年，形成基本制度框架

2018年是乡村振兴战略的开局之年，利用两到三年时间，到2020年，要基本形成乡村振兴的制度框架和政策体系，同时还要解决我国的全面脱贫攻坚的问题。

乡村振兴需要的是对农村的经济建设、政治建设、文化建设、生态文明建设等进行制度上的规划和安排，这是巨大而繁杂的工作，需要乡村打好基础，统筹协调好农业农村发展的各方面制度，调动大家的积极性，形成合力，使得乡村振兴在实施过程中，能不断得到制度供给的支持，这是重要的基础。

在2020年之前，如何梳理出系统性的制度框架？答案是要对现有的支持农业农村发展的各项制度进行系统的研判，然后构建出一个框架体

系，让一些各自为政的制度措施围绕乡村振兴形成一个整体。对于那些还没有健全的制度，适当地完善，对于完全空白的领域，要进行大胆的探索和创新。在一个完整的框架体系内，将所有乡村振兴相关的制度整合在一起，一并发力（图 2–1）。

图2–1　农村生产生活场景

同时，打赢脱贫攻坚战为乡村振兴打下了良好的基础。中国经济虽然快速发展，但是依然是发展中国家，人均收入水平并不高，区域发展不平衡，各个地区的经济发展水平差距大，困难人口依然很多。

欣喜的是，截至 2020 年底，我国取得了脱贫攻坚的全面胜利，乡村振兴的制度基础和经济基础都已经打好。

第二步：2021—2035年，基本实现农业农村现代化

2020 年是关键性的一年，首先是脱贫攻坚取得了全面的胜利，为农业农村建设的全面开展奠定了基础，乡村振兴开始从更加综合与全方位的维度推进。到了 2021 年，乡村振兴进入第二步阶段，在已经搭建好的制度框架下，将利用十五年的时间，重塑城乡关系，做好小农户与现代农业的衔接，发展宜居乡村，提升和健全乡村治理能力等，从这些方面全面实施乡村振兴战略（图 2–2）。

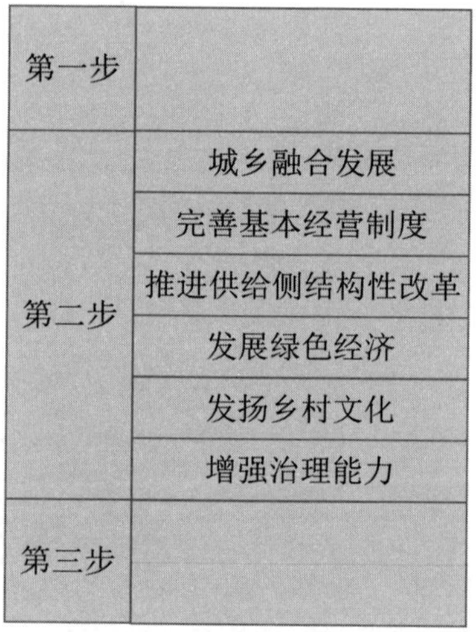

图2–2　乡村振兴第二步

第一是全面推动城乡融合的发展，重塑城乡关系。让城市和农村不仅在空间上拉近距离，还要在公共服务、资源开发、环境共享、人才等方面实现双向流动，可以通过交通革命搭建起城市和乡村的沟通纽带，让更多的农民参与到大的社会化分工中来，享受城乡关系重塑带来的红利，增加收入。

第二是巩固和完善农村基本经营制度，让集体经济实现更多可能。目

前我国农村是以家庭经营为基础、统分结合的双层经营体制，未来，我们在这个基础上，可以不断探索新的集体经济实现形式，也可以创新土地经营方式，当然前提是要做到坚持农村土地集体所有、坚持家庭经营的基础性地位、坚持稳定土地承包关系。这样才能突破农村集体经济发展的瓶颈，保护农民的财产权益。

第三是推进农业供给侧结构性改革，增强农业经济综合竞争力。我国在很长一段时间内，面临的基本国情都是人多地少，再加上我国的农业发展整体质量不高，效益不好，农业的竞争力弱，农民增收的后劲不足。要想解决这些问题，需要我们继续深入推进农业供给侧结构性改革。可以大力发展现代农业经营体系，让小农户在未来的大市场也能有所作为。还需要为农民开拓第三就业空间，探索诸如田园综合体等发展模式，支持“互联网+农村”的发展形势，让新型农业经营主体与互联网产业相融合，让农民有机会在自家开网上店铺，在网店卖出畅销全国的农产品。

第四是发展绿色经济，重视环境的保护与利用。过去很长一段时间，我国的农业发展都在走重量轻质的道路，以至于农业生产活动给农村的生态环境造成了很大的破坏，为可持续发展增加了阻力。农村的垃圾、污水、秸秆、畜禽粪便等问题导致农村的生活环境脏乱差。农村本身具有优良的自然环境资源，如果能够加以保护和利用，在环境治理方面进行全面系统的规划和建设，完善农村的基础设施和公共服务，必将以全新的面貌吸引城里人来农村休闲和消费，从而造就新农村的新业态和新模式。

第五是加强农村精神文明建设，弘扬农耕优秀文明。随着农民生活水平的提升，必然对精神生活的需求也会增加，而我国千百年农耕文明积淀下来的乡土文化，早先由于各种原因正在衰退和消失。伴随着乡村振兴战略的实施，乡村文化的振兴也随之到来。丰富的乡村文化让农民们重新回味曾经的乡愁，让城里人羡慕远方那一捧乡土的热忱，通过城乡文化的融合，提升乡村的文明水平。

第六是增强农村治理能力，用现代理念打造新农村。不可否认的是，当下很多农村还存在人文环境、生态环境、农田水利设施衰败的情况。中国农业与农村发展多个领域面临治理危机的困扰，为了增强农村的治理能力，需要创新乡村治理体系，用现代的治理理念改进乡村治理，打造一个集政府负责、社会协同、公众参与、法治保障、村民自治于一体的互动机制，实现农村社会的善治。

第三步：2036—2050年，以文化促发展，以生态促和谐，以治理促振兴

当第二阶段中国农业农村基本实现现代化之后，最后的决胜阶段将取决于乡村文化、生态环境和社会治理方面的决胜攻坚。

首先是乡村文化的振兴。乡村文化振兴是一个长期而又艰巨的任务，不仅需要大量的人才，还需要有基础设施建设和文化素质教育等方面的长期投入，这也是乡村振兴最后决胜阶段的重要内容。

其次是生态环境的保护。绿水青山就是金山银山，每个乡村都有独特的生态环境和地理特征，只是因为过去我们为了粗放式的增长，忽略了对环境的保护，以至于很多乡村守着这么好的生态资源，却给浪费和破坏掉了。乡村振兴战略的实施，会让乡村的生态环境恢复生机，让美丽乡村成为现实。

最后是社会治理能力的增强。国家治理体系的重要组成部分之一，就是乡村的社会治理。习近平总书记曾强调，社会治理的核心是人，重心在基层，关键是体制机制。我们可以通过培育社会治理理念、加强乡村党组织建设、增强乡村凝聚力、健全乡村保障机制等方式，以党的建设为引领、以依法治理为基础、以服务群众为根本，不断提高基层治理体系和治理能力现代化水平，为促进乡村振兴奠定坚实基础。

总之，到了第三阶段，乡村文化将重整旗鼓，并且为乡村的生态环境和社会治理提供补充和能量，使得人与自然、人与社会的良性互动在乡村的情境中得以形成，从而使得乡村从物质振兴走向精神振兴。

第二节　向农业农村现代化的目标迈进

当前我国已经取得脱贫攻坚战的全面胜利，正在巩固和拓展脱贫攻坚成果，并且同乡村振兴实现有效衔接。在这个过程中，要更加巩固我国的农业基础地位，进一步推进乡村振兴战略，提升农业生产质量和农民的收益，完善农村基础设施建设，进一步增强乡村的治理能力，一步一步，最终在 2035 年基本实现农业农村现代化。

一、乡村振兴进入有法可依的新阶段

2021 年 6 月 1 日起，《乡村振兴促进法》正式施行，在我们国家“三

农”工作重心转向全面推进乡村振兴的关键时刻，这部法律的出台，为新阶段加快农业农村现代化提供了坚实的法律依据，标志着我国乡村振兴进入有法可依的新阶段。《乡村振兴促进法》是我国第一次在法律中规定乡村的概念，这一举措，可以促使全社会对乡村有一个准确的认知和理解，并且再次强调乡村的价值和功能。由于我国的地域差别变化较大，每个乡村的实际情况都有不同，《乡村振兴促进法》给各地的实践留出了更多的尺度和空间。

《乡村振兴促进法》是新阶段做好“三农”工作的重要抓手。脱贫攻坚取得胜利后，“三农”工作重心历史性地转向全面推进乡村振兴，对法治建设的需求也比以往更加迫切，更加需要有效发挥法治对于农业农村高质量发展的支撑作用、对农村改革的引领作用、对乡村治理的保障作用、对政府职能转变的促进作用。

站在历史和世界的角度，可以看到，欧美一些发达国家，在城镇化和工业化进程中，都曾经通过立法的方式，为农业农村的发展提供制度上的支持，以便使农业农村的现代化跟上国家现代化的步伐，缩小城乡差距。

我国的《乡村振兴促进法》，是在以往的“三农”改革发展经验的基础上制定的，可以有效地保证过去的一些有效的政策得以持续、稳定地继续推行，让全社会都对乡村振兴战略的推行出一份力，给予支持，是新阶段促进农业高质高效、乡村宜居宜业、农民富裕富足的法治保障。

同时，《乡村振兴促进法》也完善了我国农业的法律体系，是农业农村法律制度体系的重要成果。党的十八大以来，我国陆续推出了农村土地承包法、土地管理法、动物防疫法、生物安全法等一系列法律，内容涵盖了农村基本经营制度、农业产业发展和安全、农业资源环境保护等领域。

《乡村振兴促进法》是在"三农"法治实践的基础上提出和落实的，对乡村的产业、人才、文化、生态、组织等重点问题都给予了一揽子举措，还有具体的考核评价、监督检查等制度，是对农业农村法律制度体系的进一步完善，标志着乡村振兴战略迈入有法可依、依法实施的新阶段。

二、脱贫攻坚为乡村振兴打下基础

2020年是全面建成小康社会和"十三五"规划收官之年，也是脱贫攻坚决战决胜之年。站在新阶段的历史十字路口，我们已经感受到乡村振兴的运行期和脱贫攻坚的决胜期相交融的激情和动力。在《乡村振兴促进法》实施之后，在法律体系的支撑下，乡村的工作更是扮演了从全面脱贫到乡村振兴的交接棒的角色，怎么起步、怎么接棒、怎么传递下去、怎么冲刺，关系着"三农"问题的全面解决，关系着乡村振兴的成败，关系着社会主义现代化的进程。

乡村振兴的前提是巩固脱贫攻坚成果，要持续抓紧抓好，让脱贫群众生活更上一层楼。要持续推动脱贫攻坚同乡村振兴有效衔接，确保不发生规模性返贫，切实维护和巩固脱贫攻坚战的伟大成就。所以，在当下这个阶段，一定要关注如何稳固脱贫攻坚成果，防止返贫现象发生。

要确保不发生大规模返贫，需要注意以下几个方面：

首先是稳住脱贫攻坚的成果。在过去的几年中，我国从中央到地方，通过政策不留白、工作不断档、投入不减少、机制不漏人等手段，着力防返贫、强帮扶，兴产业、促就业。并且设立了5年过渡期，严格落实"四个不摘"，保持主要帮扶政策总体稳定，对脱贫县、脱贫人口"扶上马、送一程"（图2–3）。在一整套有力的组合拳的作用下，守住了不发生规模性返贫的底线。

图2-3　四个不摘

其次是多措并举，早监测、早预防。脱贫地区已经按照中央有关要求，不仅聚焦重点人群，还做好了常态化的监测帮扶。目前，我国各地都有防止返贫的动态监测和帮扶机制，在这样的运行下，大部分被监测对象已经消除了返贫风险，只需要我们对监测对象进一步放宽，简化操作程序，促进脱贫群众获得满足感、幸福感、安全感。从长远看，如何帮助脱贫群众获得长期持续的发展能力，才是最关键的。所以，乡村振兴必然承担着帮助脱贫地区、脱贫群众持续发展的重任。

再次是提高农村基础设施和公共服务水平。和城市相比，乡村的基础设施建设和公共服务发展一直是短板，要弥补这个不足，就要继续扎实推进“厕所革命”，保持村庄清洁，加强村庄的污水治理，解决农村饮水难、用电难等问题，从这一阶段农民最迫切、最能见实效的事情入手，解决农民的堵点、痛点。

最后是加强基层基础工作，建立健全自治、法治、德治相结合的乡村治理体系，进一步强化政府对于乡村振兴的推动作用，提升农民的主体作用，立足农民所需和经济发展水平，充分发挥农民的积极性、主动性，激活农民的利益诉求，着力构建“产业兴旺、生态宜居、乡风文明、治理有效、生活富裕”的现代乡村治理体系，形成可持续发展的长效机制。

在多方合作下，脱贫攻坚的成果必将成为乡村振兴蓬勃发展的种子，有了良好的开端，在接下来的乡村振兴实践中，才能够有扎实的基础向实现农业农村现代化迈进。

三、加快推进农业农村现代化

我国实现了第一个百年奋斗目标，正在向全面建成社会主义现代化强国的第二个百年奋斗目标迈进。在这个历史性的关头，中央作出了“进入实现第二个百年奋斗目标新征程，‘三农’工作重心已历史性转向全面推进乡村振兴”的重大判断，要求“坚持农业农村优先发展，加快农业农村现代化”，并且基于这一重大判断，对实现巩固拓展脱贫攻坚成果同乡村振兴有效衔接、逐步实现由集中资源支持脱贫攻坚向全面推进乡村振兴平稳过渡等作出部署。这些都为促进乡村全面振兴、实现农业农村现代化，提供了重要指引。

我国明确了下一阶段发展的总目标。没有农业农村现代化，就没有整个国家的现代化，所以我们的总目标是实现农业农村现代化。通过促进农业高质高效、乡村宜居宜业、农民富裕富足三个方面，丰富这一总目标的基本内涵。

中央明确了乡村振兴战略是关系全面建设社会主义现代化国家的全局性、历史性任务，是“三农”工作的总抓手，并且提出“产业兴旺、生态宜居、乡风文明、治理有效、生活富裕”的乡村振兴战略总要求。值得注意的是，产业兴旺是解决农村一切问题的前提，农村的发展需要提升质量，提高产业融合发展水平，推动经济高质量发展。这是乡村振兴中有极大发挥空间的地方。

实现共同富裕是社会主义的本质要求。全体人民共同富裕是我国人民奋斗的重大目标。全体人民共同富裕是人民群众物质生活和精神生活都富裕，不是少数人的富裕，也不是整齐划一的平均主义。农民作为中国庞大的群体，理应成为共同富裕的一员。要通过全面实施乡村振兴，加快农业产业化，盘活农村资产，增加农民财产性收入，使更多农村居民勤劳致富，缩小城乡差距，促进农民农村共同富裕。

第三章 现代农业与乡村振兴

我国自古就是农业大国，农业的发展对国家大计起着非常重要的作用。但是，我国的农业现代化进程与发达国家相比，相差甚远。在实施乡村振兴战略背景下，如何推动现代农业与乡村振兴共同发展，是应该探讨的课题。

第一节　现代农业全画像

现代农业萌发于资本主义工业化时期，并在第二次世界大战以后初步形成。在科学技术的推动下，农业获取了工业部门的大量资源，成长为工业化的农业，并走上区域化、专业化的道路（图 3–1）。

图3–1　现代奶牛场

在发展经济学中，现代农业被定义为智慧农业，既不同于农业产业化，也不同于农业工业化，而是农业现代化，是以智慧经济为主导，以大健康产业为核心的自动化、个性化、艺术化、生态化、规模化、精准化农业。现代农业是健康农业、有机农业、绿色农业、循环农业、再生农业、观光农业的统一，是田园综合体和新型城镇化的统一，是农业、农村、农民现代化的统一。

一、现代农业的典型特征

（一）现代农业更注重满足居民的精神生活

和传统农业相比，现代农业正在向休闲、美化、观赏、艺术的方向发展，比如假日农业、休闲农业、观光农业、旅游农业等，这些新型的农业形态正在与传统的农产品生产并驾齐驱，满足人们生活休闲、文明传承、教育等精神生活，为城市的居民带来一种新的生活方式的体验。

（二）现代农业以市场为导向

传统农业以自给自足为主，环境相对封闭，对市场的信息反应迟钝，农民的生活相对单一。而现代农业的农民，其大部分经济活动都纳入市场交易，追求商业化的利润成为农民生产经营的目标，农民的生产活动主要是为了满足市场的需要。这也是现代农业的农民采用新的生产技术，发展农业新功能的动力源泉。借鉴发达国家的经验，分散的农户经济向合作化、产业化方向转化，以及新农业技术的使用和推广，都是市场的拉动和挤压的结果。

（三）现代农业是绿色农业

现代农业强调的是资源节约、资源的可再生利用以及环境保护，是以绿色为主的农业，是生态农业，是以可持续发展为目标的。可持续发展已经成为我国现代农业的发展理念，在土、水、气、生物多样性和食物安全等资源和环境方面更加注重保护，在生产过程中实施标准化管理。

（四）现代农业采用产业化经营组织形式

以土地为基本生产资料的小农经济时代将要成为过去式，在现代农业中，农民将参与到专业化的生产和社会化分工中，进行产业化的经营。比如在农业生产、流通、消费、信贷等各个领域不断涌现生产合作社、供销合作社、公司＋农户等组织形式。

二、现代农业的运作模式

放眼全球，世界各国在推进农业现代化的过程中，主要有两种模式：一是美国模式，美国人少地多；二是日本模式，日本人多地少。中国的国情，决定了我们不能照搬照抄这两种模式中的任意一种。

因为我国的区域复杂多变，各地的农业生态、自然资源条件相差非常大，所以我国在推进农业现代化的过程中，要因地制宜，不同的地域采取不同的运行模式。

（一）外向型创汇农业模式

利用沿海地区的区域优势，采取相应政策吸收扶持龙头企业，重点发展优质种苗、特色蔬菜、优质花卉、名优水果、优质家禽和特种水产等资金和技术密集型农产品生产，扩大优质农产品出口，带动区域经济发展和农民增收。

（二）龙头企业带动型开发模式

由龙头企业作为现代农业开发和经营主体，本着“自愿、有偿、规范、有序”的原则，采用“公司＋基地＋农户”的产业化组织形式，向农民租赁土地使用权，将大量分散在千家万户农民手中的土地纳入企业的经营开发活动中，建立农业生产基地，并在基地推广农业科技成果，进行产业化开发。

（三）农业科技园的运行模式

由政府、集体经济组织、民营企业、农户、外商投资兴建，以企业化的方式进行运作，以农业科研、教育和技术推广单位作为技术依托，引进国内外高新技术和资金、设施，集成现有的农业科技成果，对现代农业技术和新品种、新设施进行试验和示范，形成高效农业园区的开发基地、中试基地、生产基地，以此推动农业综合开发和现代农业建设。

（四）山地园艺型农业模式

在充分考虑了市场条件和本地优势资源的基础上，根据本地区的实际情况，选择和明确适合本地区发展的产业和项目，再引进先进的技术，并与传统农业相结合，开发出新的产品品种，在当地推广。山地园艺型农业模式是一种复合农业，考验当地的综合创新能力和实施魄力，需要政府的高瞻远瞩和顶层设计。

三、现代农业的基本类型

现代农业建立在新环保理念、新科技理念、新产销理念和新生活理念基础上的八种类型，既可以单独形成体系，也可以多措并举建成复合生态化农业（图 3–2）。

（一）绿色农业

绿色农业是灵活利用生态环境的物质循环系统，实践农药安全管理技术（IPM）、营养物综合管理技术（INM）、生物学技术和轮作技术等，从而保护农业环境。绿色农业又可以分为有机农业和低投入农业，就是将农业和环境协调发展，在增加农民收入的同时，保护环境，保证农产品质量安全性。

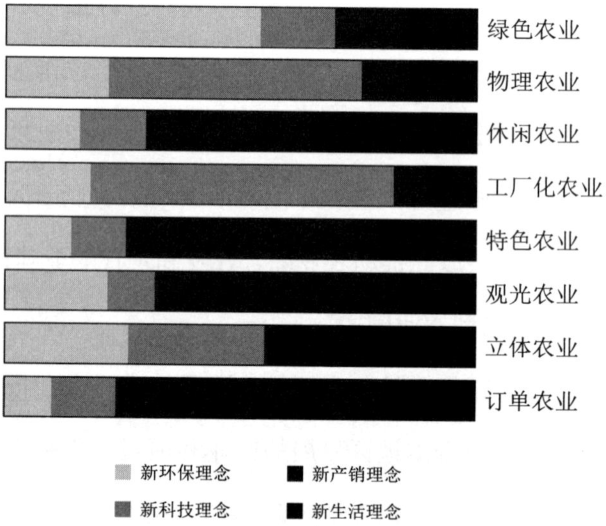

图3-2　现代农业类型划分的因素占比

（二）物理农业

物理农业就是将物理技术与农业生产相结合，利用物理学中的声、光、电、热、核、磁等因子，来操控农作物的生长发育和生活环境，使得传统的农业逐步摆脱对化学肥料、化学农药等化学品的依赖以及自然环境的束缚，最终获取高产、优质、无毒农产品。物理农业对技术、设备、工艺的要求更高，并以生物物理因子作为操控对象，能够最大限度提高产量，杜绝滥用农药，是一种环境安全型农业。

（三）休闲农业

休闲农业就是为游客打造一种休闲的生活方式，为游客提供观光、采摘、农作等体验项目，享受乡村的乐趣。休闲农业的基本概念是利用农村的设备与空间、农业生产场地、农业自然环境、农业人文资源等，经过规划设计，发挥农业与农村休闲旅游功能，提升旅游品质，提高农民收入，促进农村发展。

（四）工厂化农业

工厂化农业是农业发展的比较高的层次。工厂化农业将综合运用现代高科技以及先进的管理方法，使得农业生产实现机械化、自动化，摆脱自然界的制约，在人工创造的环境中连续作业，“靠天吃饭”的传统农业将不复存在。

（五）特色农业

特色农业就是利用区域内独特的农业资源（地理、气候、资源、产业基础），开发区域内特有的名优产品，并转化为特色商品的现代农业。特色农业的“特色”在于其产品能够得到消费者的青睐，在本地市场上具有不可替代的地位，在外地市场上具有绝对优势，在国际市场上具有相对优势甚至绝对优势。

（六）观光农业

观光农业是以农业和农村为载体的新型农业，主要发展农村旅游业。以当地的自然资源为依托，为游客提供活动设施。除了游览风景，还提供林间狩猎、湖面垂钓、果园采摘等农事活动，以此增加农民收入。

（七）立体农业

立体农业就是层状农业，是一种利用垂直空间进行农业生产的农业形式。立体农业可以合理利用自然资源、生物资源和人类生产技能，实现由物种、层次、能量循环、物质转化和技术等要素组成的立体空间的优化。

（八）订单农业

订单农业也称为合同农业或者契约农业，是农户根据其本身或所在的乡村组织同农产品的购买者之间所签订的订单，组织安排农产品生产的一种农业产销模式。订单农业出现于20世纪90年代，是为了更好地适应市场需求，避免农民盲目生产，做到有规划、有销路。

第二节　现代农业是乡村振兴的基础

要解决我国当前发展不平衡问题，就要解决城乡发展不平衡问题；要解决我国当前发展不充分的问题，就要解决农村发展不充分的问题。这两个不平衡不充分当中，农民都是受影响最大的群体。从政策层面来讲，乡村振兴战略对新时代“三农”工作提出了系统要求，部署了农业农村现代化发展的重大举措，成为今后较长一个时期内农业农村工作的总抓手。

由此可见，现代农业发展是乡村振兴的重要支撑。乡村振兴最主要的基础就是乡村产业振兴，而乡村产业振兴的重要内容就是推进农业的现代化建设，将现代农业的生产体系、产业体系、经营体系都纳入一个整体的规划和构建当中，实现农村一二三产业的融合发展。

一、构建新型农业生产体系

构建现代农业生产体系，就是让农业更加适应市场需求的变化，更好地利用自身的自然资源和环境资源，实现绿色发展和可持续发展。过去，我国的农业受到环境、资源的制约，并且缺乏统一的管理和规划，导致一部分农产品出现阶段性过剩，比如粮食、棉花的库存偏多，一些农产品又需要大量进口。

所以，为了让我们生产的农产品，能够更加符合消费者的需求，就要求农产品的结构更加合理，让那些短缺的农产品尽早实现自给自足，保障供给。

为此，我们依然不能放松对农业基础的夯实，牢牢守住18亿亩①耕地这条红线，坚持最严格的耕地保护制度，全面划定永久基本农田，大规模推进土地整治、中低产田改造和高标准农田建设，加强水利特别是农田水利建设，全面提高农业发展的物质技术支撑水平。

我们需要不断优化农业的资源配置，在确保粮食安全的基础上，优化粮食的结构，将科学技术应用于粮食生产，提升粮食产能，充分利用耕地资源，合理安排农产品的生产优先顺序，提升农产品质量，树立大食物观。

比如，对于过剩的粮食产品，我们需要做优做精，提升粮食产品的品质。对于其他类型的农产品，比如肉蛋奶等，我们需要大力推广农牧结合，以提升产量水平。

① 亩为非法定计量单位，1亩=1/15公顷，下同。

为此，就要求农村立足于本地区的资源优势，因地制宜，让适宜种粮的地区多种粮食，适宜放牧的地方多养牲畜，发挥地区优势，综合规划，加大大宗农产品的优势区域布局，建设现代化生产基地，打造出具有区域特色的农产品，树立自己的支柱品牌和支柱产业，形成自己的核心竞争力。

以往农村种植以家庭为单位，经济效益低，没有迎合市场需求，规模小，不能够大批量采购，生产效率也低。现代化农业生产体系，是将农户的力量聚集在一起，进行规模化和标准化生产，使得农业科技成果运用在专业化的农业生产中，提升农产品的质量，也为接下来的农业产业化经营打好通路。

二、构建新型农业产业体系

构建农业产业体系，目的是促使农村一二三产业融合发展，促使农业内部融合，发展出乡村的新产业、新业态、新经济，延长农业产业链，拓宽农民的增收渠道。这就要求我们提高农业产业的整体素质，提升农业产业的整体竞争力，形成工业化的农业产业体系，以工促农、以城带乡、促进城乡一体发展。

目前，我国农业产业面临的问题主要是产业链条短、产品附加值低。伴随国际竞争的加剧，我国的农产品还要面对进口农产品的竞争压力。在这种情况下，需要我们从整体进行规划，不仅要延长产业链，还要增值价值链，把第一产业做强，把第二产业做优，把第三产业做活，一二三产业融合发展，提高农业产业的整体竞争力和综合效益，让农民在各个链条上都能受益，增强农民的生产积极性（图 3–3）。

图3–3　一二三产业融合发展

这就要求农村积极引进新技术、新业态和新模式，借鉴工业领域的成功模式，加快发展订单直销、连锁配送、电子商务等现代流通方式，促进农业产业经营组织方式变革。积极开发农业多种功能，挖掘农业的生态价值、休闲价值、文化价值，加快发展乡村旅游等现代特色产业，拓展农业的内涵、外延和发展领域。

需要特别指出的是，构建现代农业产业体系，同样需要因地制宜地利用好各地的自然资源，大力推进农业供给侧结构性改革。主要可以从以下三个方面进行：一是调整农业内部的产品结构、种植结构和空间结构等，从农业内部进行优化；二是发展绿色经济，既保证粮食生产的数量，也保证质量，并且按照市场发展的客观规律进行统筹规划，做到有保障、可持续、有市场；三是提升农业产业的整体效率，让每一份资源都得到充分的利用，优化农业资源和生产要素的配置，使得农业产业结构助推农业生产向高质、高效方向发展。

三、构建新型农业经营体系

我国的农村，现状是小农经济居多，农业经营规模普遍很小，甚至不成规模，农户们种植什么、生产什么、养殖什么，都是自己说了算。很少有农民能够掌握市场需求，按照消费者的意愿去规划自己的生产计划。农民的生产经营，主要依靠自己的力量，不能形成合力，从而不能充分掌握市场信息，没有充分利用好农村的资源，有时生产过剩，有时又不足。

另外，如果想应用好先进的农业科技成果，享受到农村的金融信贷服务，提高生产效益，提升农产品的质量，就离不开规模性的生产和经营。所以，需要培育新的农业经营主体，比如鼓励和支持种养大户、农民合作社、家庭农场、龙头企业等形式的经营主体发展生产，让这些规模种养队伍发展成为现代农业的主导力量。

目前，我国在财税、信贷保险、用地用电、项目支持等方面，都有向新型农业经营主体、农业适度规模经营倾斜的相关政策，让新型农业经营主体在产前、产中和产后都能享受到农业社会化服务。

综上所述，乡村振兴战略的总目标是农业农村现代化，总方针是坚持农业农村优先发展。没有农业农村现代化，就没有整个国家的现代化。农业现代化就是农业生产手段现代化，生产技术科学化，经营方式产业化，产业布局区域化，基础设施现代化，生态环境现代化，农民生活现代化。现代农业是乡村振兴的基础，反之，乡村振兴战略是实现农业农村现代化的有力支持。只有农村真正振兴了，农业真正发展起来了，农民真正富裕起来了，农业农村现代化才会水到渠成。

第四章 产业振兴与乡村振兴

在乡村振兴中，产业振兴是重中之重，所以我们要立足乡村的特色资源，精准发力，以市场为导向，发展乡村的优势产业和特色产品，以此促进一二三产业融合发展，从而让更多农村和农民受益。

第一节　占据C位的产业振兴

乡村产业振兴是指与乡村发展有关的所有产业的共同振兴，不但包括农业的振兴，也包括乡村第二、第三产业的振兴。这就要求农村的传统产业继续大力发展，还要促进农村新兴产业和新兴业态的发展。在这个过程中，农村一二三产业的融合发展是重中之重。

一、乡村产业振兴的三个维度

（一）农业向高质量发展

农村的产业振兴，重点在农业的转型升级。从经济发展阶段来看，我国正在从高速增长阶段迈向高质量发展阶段。相应地，农业的生产也要从以往解决温饱需求转变为满足对高质量的需求。所以，中国特色的乡村振兴道路，必然伴随着质量兴农。意味着农业生产从量变到质变，从粗放型经营向精细型经营转变，从低端供给向高端供给转变，逐渐形成现代农业经营体系。

（二）农村一二三产业融合发展

农业基础生产仍然是乡村振兴的底色，但是需要以产业化经营为引领，创新各方利益联结机制，将农业产前、产中和产后各个阶段的链条有机结合，提升农业生产的增值空间，创新农村的产业形态，不仅为农民增加就业机会，还为农民带去更多切实的利益。只有农村经济发展了，才能补足城乡差距的短板，促进城乡经济融合发展。

（三）鼓励乡村新经济的发展

新经济是以绿色生产、创新业态为特征的产业增长模式。以往农村经济的发展取决于要素投入的规模，如今需要转型为以新业态和新产业来推动，从而高效利用农村生产要素。这些年来，我国农村的创新业态蓬勃发展，农村的产业得到越来越多的社会投资，也引发了农民、退役军人以及大学生返乡创业潮，这些都成为农村经济的新鲜血液，为推动农村绿色生产、发展新业态提供了源源不断的动力。这也意味着新经济的发展必然成为我国深入推进农业供给侧结构性改革的重要内容。

二、产业振兴占据C位

产业振兴在乡村振兴中具有举足轻重的作用，没有产业振兴，乡村振兴就是空谈。可以从以下三个方面理解：

（一）产业振兴是乡村振兴的基础

乡村振兴战略提出“产业兴旺、生态宜居、乡风文明、治理有效、生活富裕”五个方面的总要求，包含了产业振兴、人才振兴、文化振兴、生态振兴、组织振兴五方面的内容，其中，产业振兴是最重要、最根本、最关键的（图 4–1）。农村发展的根基是产业发展，其最终目标是增加农民的可支配收入。只有农村经济发展了，全面建成小康社会才有了基础，而前提是农村产业的发展，这是全面推进乡村振兴的强劲动能。

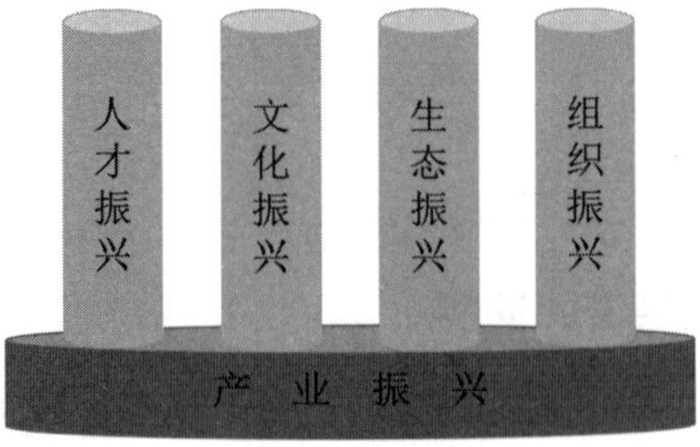

图4-1　产业振兴是乡村振兴的根本

（二）产业振兴可以有效巩固和拓展脱贫攻坚的成果

发展产业不仅解决了农民增收的现实问题，还是巩固脱贫攻坚成果的长效措施。虽然我国的脱贫攻坚已经取得全面胜利，但是，很多地方因为长期贫困，根基不稳固，很容易返贫。所以，对这些困难地区的产业发展更要重视，要进行持续的扶持，让其有可持续的赢利能力和发展能力，形成长效的扶持机制。特别是这些地区的特色产业，要进行重点开发和宣传，创新产业业态和经营模式，从而提升农民的生产效率，增强这些地区的产业竞争力。

（三）产业振兴可以拉动城乡经济发展，畅通城乡经济循环，构建新发展格局

要想全面建设社会主义现代化国家，发展农村经济是实现这个目标的最繁重、最艰巨的任务，而农村经济发展也是整个战略的基础。当前的最主要问题是城乡发展不平衡不充分问题，农村和农业依然是现代化建设的短板。所以亟须乡村振兴产业，提升农民收入水平，这对于扩大内需，形成强大的国内市场，具有重要的意义。农村产业振兴，不仅可以提高农业的生产效率，还可以把乡村的生产有机融入现代产业体系，特别是第三产业的发展，更有助于活跃农村市场，推动农民消费升级，拉动城乡经济发展。

三、产业振兴的三大方法

（一）立足于特色产业精准发力

实施乡村振兴战略，从供给和需求两个方面着眼，立足乡村特色资源，科学发展乡村的特色优势产业，以市场为引导，做到宜农则农、宜林则林、宜牧则牧、宜开发生态旅游则搞生态旅游，因地制宜，打造“一村一品”的格局。

这就对乡村振兴的实际操作提出了新的要求，乡村发展不但要有品牌战略意识，还要有市场经营的思维模式，懂得品牌的打造和宣传，不仅要搞好自身的优势产业，还要让更多的人知道乡村的品牌，让好的产品和服务走出去，把资金和人才引进来，把好的创新业态和科学技术引进来，逐步提升农业产业的质量和市场竞争力，提升乡村产业的现代化发展水平。

（二）延长农业产业链，实现农产品转化增值，促进工业与农业、城镇与乡村联动发展

比如，可以发展大宗农产品和特色农产品，建设农产品加工基地，支持农产品加工流通企业向有条件的乡镇转移，并和新型农业经营主体合作，建立工农一体化的产业经营体系。延长产业链也意味着，农业产业的纵向链条，从田间到餐桌，一应俱全。这就要求乡村建立健全农产品的物流网络和仓储设施，完善农产品的流通和高效配送体系。

（三）政策推动，优化乡村产业发展环境

首先是金融政策的扶持。要发挥财政投入的引领作用，吸引更多社会资本、金融资本参与到乡村振兴中来，比如发展农村数字普惠金融。其次

是完善乡村的土地保障政策。在农村土地制度改革过程中，鼓励农民以承包土地经营权入股的方式，参与产业的经营管理，切实让农民受益，但是要保护好耕地资源。再次是引导人才下乡、鼓励创新，同样需要政策扶持。鼓励和引导外出的农民工、高校毕业生、退伍军人等回乡创业，促进科技兴农，支持新业态发展。

第二节　产业兴旺是乡村振兴的核心

乡村振兴包含五大方面的振兴，产业振兴是关键，产业兴旺是核心，是解决农村一切问题的前提。如何实现产业兴旺？就是要以人民群众为核心，满足人民群众对美好生活不断增长的需求。同时，将提升农业生产质量作为立足点，坚持新发展理念，加强农业供给侧结构性改革，发展新经济，以绿色经济为主，逐步推进农业现代化进程。实现产业兴旺，可以从以下五个方面发力：

（一）以市场需求为中心

农村经济长期以来习惯于自给自足，分散式小农户经营，很少关注市场的真正需求，因此，生产出来的农产品很容易量多质劣。这也是我国农业农村经济目前面临的一个典型问题，就是产业大而不强，产品多而不优。解决之道就是以市场需求为导向，优化农业产业结构、产品结构，减少生产要素的浪费，提升资源配置效率，同时，大力发展绿色、优质、特色品牌农产品。

一方面，可以推动传统产业升级，比如，建设粮食生产功能区、重要农产品生产保护区、特色农产品优势区等，以此来提升农产品的质量和生产效率。另一方面，从农业新经济着手，鼓励和支持农村新产业、新业态、新模式的发展，促进一二三产业融合，拓宽农民的增收渠道。此外，还可以发展休闲农业、旅游农业、生态农业等新兴产业，带动地区和周边经济发展。并且在移动互联网的潮流之下，广泛利用网络优势，开启电商渠道，让更多农产品和农村服务融入市场，让更多美丽乡村被城市居民看到，大力发展乡村经济，让农民早日享受到农产品和服务的增值收益。

（二）通过科技进步提升产业效率

目前，我国的农业科技进步对于农业生产的贡献率还有提升空间，可以通过强化农业科技创新的驱动作用，提升农业科技含量，不断加强农业科技在农业生产中的运用，加强农业科研人才培养，稳步推进产学研项目的实施，构建现代农业科技创新体系，加快农业科研成果转化速度，发挥科学技术是第一生产力的推进作用。

需要指出的是，我国的现代种业发展长期以来处于落后于西方的状态，在自主知识产权方面受西方制约。近年来，在国家的大力支持下，我国种业发生了一系列变化，从原来的被动挤压转向现在的并跑赶超，正处于以自主创新为动力的发展新阶段。依靠科技进步发展农业产业，就是要将种子的自主知识产权掌握在自己手里，不让西方国家卡脖子。

（三）发展绿色产业，走可持续发展道路

以往我国的农业生产通过加大投入提高产量，这种高强度的生产方式，破坏了生产的可持续性，生态资源受到一定程度的破坏，更不用说提高农产品质量了。所以，坚持“绿水青山就是金山银山”，坚持绿色发展，走可持续的生态环保发展道路，是我们必须面对的转型挑战。

这就要求农村要完善绿色发展的政策支撑体系，加大实施耕地轮作和休耕制度试点工作，加强农作物病虫害绿色防控技术应用，深入开展统防统治，减少化肥农药的过量使用，推进农业废弃物资源化利用，坚决打赢农业面源污染整治攻坚战，不断改善农村生产生活生态环境。

（四）鼓励农业规模经营

习近平总书记指出，大国小农是我国的基本国情农情，要加快构建以农户家庭经营为基础、合作与联合为纽带、社会化服务为支撑的立体式复合型现代农业经营体系，实现小农户和现代农业有机衔接。

我国现代农业发展，在很大程度上受到现实农村情况的影响，农业规模小、经营分散是主要问题。要改变传统的小而分散的经营方式，培育种养大户、家庭农场、农民专业合作社、龙头企业等现代农业经营主体，将小农户纳入现代农业的轨道，提高农业的组织化程度，形成多种形式的农业适度规模经营，提升农业质量效益。

（五）重视高素质农民的培育

高素质农民的概念实际上是一种主动选择的身份，是指以农业为职业，具有相应的专业技能，收入主要来自农业生产经营，并且达到相当水平的现代农业从业者。高素质农民概念的提出，意味着农民这个词不再是一个烙印，而是一种自由选择的职业（图 4–2）。

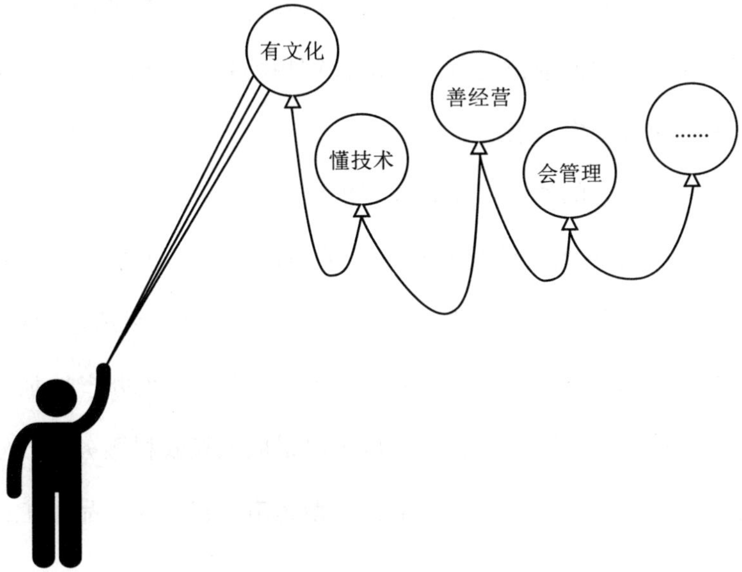

图4–2　高素质农民

目前我国因为年轻农民的大量流出，留守在农村的农业人口总量不足且整体素质偏低，而新生代农民对土地已经失去热情，未来将面临没有人种地的局面。这时候迫切需要高素质农民，利用先进的农业生产设备和现代化经营理念，加入到现代农业生产行列，将农业创收作为自己的事业来发展。高素质农民的作用显而易见。这需要当地的政策扶持，将优秀的人才引进农村，同时大力培养返乡和留守农民成为高素质农民。

第三节　三产融合的发展模式

很多人都知道三产融合的概念，从字面意思理解，就是指农业生产、农产品加工业、农村服务业深度融合。以农村一二三产业的融合渗透和交叉重组为路径，以产业链延伸、产业范围拓展和产业功能转型为表征，以产业发展方式转变为结果。

农村三产融合的本质，是将农村的资源、要素、技术、市场需求进行整合集成和优化重组，调整农村的产业空间布局，改革传统的农业经济模式，最终形成新技术、新业态、新商业模式。可以采取以农业为基础，向农产品加工业、农村服务业顺向融合的方式，如兴办产地加工业、建立农产品直销店、发展农业旅游；也可以采取依托农村服务业或农产品加工业向农业逆向融合的方式，如依托大型超市，建立农产品加工或原料基地等。

一、三产融合的路径选择

要实现三个产业间的协调发展，推进乡村振兴，需要选择合理有效的三产融合路径。

（一）引进农业先进技术和先进的管理模式

农业技术是农业第一生产力，可以通过技术的革新，提高农产品的数量和质量，颠覆传统农业的生产方式。同时，技术进步推动了传统农业的自我改造，不仅自身实现标准化生产，还能满足消费者的需求，品质过硬，而且能卖个好价钱。

新技术对农业经营也产生影响，从而引发管理模式的革新。比如，在移动互联网的大潮下，很多农产品走出村子，销往全国各地。这时候，就不能只考虑销售量，还要重视农产品品牌，源头依然是注重农产品的质量和安全。这种情况下，就要引入相应的农产品质量和安全管理机构，比如专业的检测机构、专业合作社以及专业协会等，介入整个农业生产体系，通过产业模式创新和技术创新，进行标准化作业，面向消费者的需求，提升生产效率和产品质量，提升经营主体的竞争力，让农产品品牌更有说服力，更有市场。

（二）确保参与主体的收益

农村三产融合发展的过程是一个价值创造和价值共享的过程，利益联结是维持产业融合发展的物质基础，选择农村三产融合路径时，要保证所有参与主体享受到价值增值的成果，实现价值的共创共享（图 4-3）。

在三产融合过程中，利益各方通过控股、参股、联盟等形式整合在一起，形成一条价值链体系。只有构筑好各方都认同的利益分配机制，才能更好地激发每个经营主体的积极性，达成共识，这是融合的前提和基础。

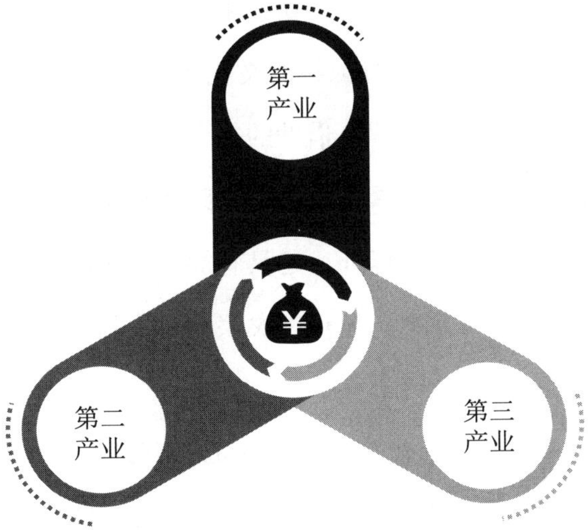

图4–3　所有参与主体都能享受价值增值成果

（三）培育农村优势特色产业

当前很多地区大力推动的“一县一业”“一村一品”“地理标志农产品”等项目，即是充分结合地方资源禀赋优势，提升产业竞争力的一种有效做法。

农村的优势特色不光是指农产品，还包含地方的人文特色、工艺技巧、自然生态资源等，如果能发挥地域优势，培育出一批具有知名度的优势农产品品牌或者文旅品牌，将极大促进农村三产融合的发展。乡村的知名度、美誉度和诚信度将增强全产业链的凝聚力。比较典型的是阳澄湖大闸蟹、五常大米、寿光蔬菜、安吉白茶等，已经打出了品牌和知名度，让消费者很容易就将产品和产地联系在一起。

二、三产融合的认识误区

农村一二三产业融合发展，是乡村振兴战略的核心政策之一。通常大家对农业存在认识误区，认为农业的功能主要在产业，其实农业从来就不是一个简单的产业，农业有自身独特的文化底蕴和社会地位。三产融合，是对一二三产业优化组合的过程，借助的是乡村特有的环境及文化，通过对一二三产业的交叉重组和资源优化配置，实现真正的乡村振兴。

农业除了传统的生产功能以外，还具有加工、旅游、文化宣传、康养等功能，不论是单一的农业生产还是以农家乐为主的农村观光旅游，显然都没有真正发挥农业的全部功能。

目前很多农村对于三产融合还是浅显的排列理解，一部分农民从事农业生产活动，家里兼营农家乐用于招待游客的模式屡见不鲜。种、加、销、游，看似齐全，却是各干各的，三产融合成了三张皮。

第一个误区就是盲目上线乡村旅游项目。一提到三产，大家往往就会想到发展乡村旅游，民宿、农业观光等项目一时间热度很高。但是很多项目往往是为了三产而三产，没有一产和二产的支撑，三产其实是空中楼阁。其实农业并不适合景区似的观光旅游，与风景名胜没法相比，有的乡村为了旅游，偏偏花大价钱，在农田上人工造景，短时间内也许能吸引大量游人参观，但是这种景观让游客停留的时间太少，不能形成消费转型，项目的投入产出比并不高。

第二个误区是没有正确认识农业的生产价值。这在生态农业圈很常见。对于一块土地，首先要了解适合耕种什么农作物，什么农作物的市场比较好，什么作物适合深加工提升附加值，什么作物适合做体验。搞清楚这些才能建立起恰当的业务模式。如果仅仅是为了生态而生态，种植一些不适合的农作物，只会增加农业生产成本，做亏本买卖。

第三个误区是用工业化思维做生态农业，不重视农业的生活价值和生命价值。目前很多农场进行的是工业化管理，很难体会农业作为一种生活方式的价值。大部分的有机（生态）农场还只是聚焦在农业的生产价值和生态价值上，这也是大多数农场赢利困难的原因。

第四个误区是只采用一种种植模式，不做体验和深加工。比如农场种植的姜黄，卖新鲜的姜黄就是一产；把姜黄开发成姜黄粉和姜黄手工皂就可以进一步提高产值，这就是二产；用姜黄来做植物染色的体验活动就是三产。将这三者融合，才能获得可观的经济收益。

近些年笔者应邀到各地做乡村振兴产业工作的考察指导，在跟地方政府相关领导交流过程中，经常可以听到领导们讲，我们资源禀赋不好，没法做产业。事实是这样吗？答案是否定的。产业的发展既可以依托于当地的资源禀赋，也可以“无中生有”。很多领导都知道要做一二三产业融合，但具体该怎么融合，心里没有清晰的思路和方向。比如是一产带动二三产，还是二产带动三产，还是通过二三产来倒逼一产等，不很清楚。下面举几个例子做说明。

三、三产融合的实操案例

案例一：没有皮草的最大皮草市场

浙江海宁，有中国最大的皮草市场。但是稀奇的是，浙江本省并没有皮革，怎么会形成如此巨大的皮草市场呢？

在海宁，平均3秒就能生产一只票夹，平均48秒能制成一组皮革沙发套，平均1.3秒诞生一件皮衣，海宁已经成为名副其实的“中国皮都”。海宁之所以发展皮革产业，源自于对市场的敏锐洞察，看中了国内和国际市场上对皮革的需求。

但是，在江浙一带，并没有皮革资源。海宁是通过收购甘肃、内蒙古及境外的皮革资源，进行生产加工，然后拉长产业链，形成多品类产品，开发出皮衣、箱包、鞋等多种产品，在产品设计、质量和营销方式等方面大胆创新，才在同行业中产生核心竞争力，即使没有一手资源，却依然可以做到龙头老大。

这就是典型的以第二产业带动第三产业的案例。

案例二：浙江松阳茶园

浙江松阳，拥有1800多年建县史，其种茶的历史也和县龄相差无几。据史料记载，松阳种植茶叶、出产茶叶，始于三国时期。到了唐代，道教天师叶法善所制松阳茶叶，“竹叶形，深绿色，茶水色清，味醇”，被称为

"卯山仙茶"，从而进贡皇家殿堂。

自古以来，松阳就有饮茶文化。苏轼曾在《送南屏谦师》中写道："道人晓出南屏山，来试点茶三昧手。忽惊午盏兔毛斑，打作春瓮鹅儿酒。天台乳花世不见，玉川风腋今安有。先生有意续茶经，会使老谦名不朽。"一片小小的茶叶，至今仍然牵动着松阳人的生活。

在松阳，百分之四十的人口从事茶产业，百分之五十的农民收入来自茶叶，百分之六十的农业总产值来源于茶叶。以茶文化的传承和发扬，带动茶产业的生产和加工，这就是典型的以第一产业带动第二、三产业融合发展的案例。

案例三：无中生有的温州苍南参茸市场

在中药行业，浙江苍南的参茸市场是一个特殊的存在。业界有种说法："全国最大的参茸市场不在其产地东北，而在苍南灵溪，价格比东北产地还便宜。"

苍南的市场主要分为两类：其一是不具备优势资源或相关产业，却"无中生有"做成了相关商品的集散中心。有着"中国人参鹿茸冬虫夏草集散中心"之称的浙闽农贸综合市场就是这一类型的典型。

浙江没有鹿茸，也没有人参，是通过品牌、包装等带动了第三产业的发展，并形成了完整的包装产业链，是典型的通过文创带动第三产业发展的案例。

第五章 现代农业发展趋势

当前，我国正处在工业化、城镇化、农业现代化同步发展的关键时期。随着环境、资源压力的不断加大，以及农业劳动力的结构性变化，必须大力发展现代农业，逐步推动农业发展方式的转变，以保证主要农产品有效供给，农民持续增收，实现农业可持续发展。

第一节　现代农业的核心产业链

农业产业链是现代农业的核心产业组织形态，所以现代农业的竞争，本质上是产业链的竞争。在农业供给侧结构性改革中，产业链的整合显得尤为重要。因为产业链的整合可以统领农产品的加工业发展，促进一二三产业的融合，推动休闲旅游农业的发展。要把相关政策提上日程，并根据农业结构调整的方向分类推进。

特别需要指出的是，要把重点放在农业产业园区的建设上，把政策支持向农业产业化龙头企业等产业主体倾斜，健全各方利益联结机制，为经营主体提供完善的政策和服务支撑，从而增强农业产业链的核心竞争力。

一、农业产业链的价值和意义

农业产业链是指农产品从原料、加工、生产到销售、消费等各个环节的有机链接，一般由产品链、创新链、资金链、信息链、组织链构成。

农业产业链最早产生于19世纪50年代的美国，然后迅速传入西欧等工业化国家（地区）。1958年，赫希曼在《经济发展战略》中，提出了产业链的概念，并从产业的前向联系和后向联系进行论述。虽然各国对农业产业链的称谓不尽相同，但都具有大致相同的特点，即按照现代化大生产的要求，在纵向上实行产加销一体化，将农业生产资料供应、农产品生产、加工、储运、销售等环节联结成一个有机整体，以获得农产品全过程增值。

农业产业链之所以快速发展，主要因为：第一，技术进步使得农业生产更加专业化，分工更加明确，具有不同优势的生产者，承担不同环节的任务，大大提升了生产效率，也促使价值链开始横向分解和纵向延伸；第二，经营主体在迎合市场的过程中，必然会想办法减少交易费用、追求协同效应，自发进行产业链的整合，从而实现规模经济和范围经济带来的高效率的资源配置；第三，农业产业集群的兴起和农产品供应链管理技术的发展，进一步提升了产业链交易效率和竞争力。

当前我国农业正处在由传统农业向现代农业转型的关键时期，农业的内涵、功能正在发生重要变化。为全面准确反映农业生产、加工、物流、营销、服务等全产业链价值，国家统计局印发了《农业及相关产业统计分类（2020）》，与农林牧渔业相比，农业及相关产业主要增加了三方面内容：一是产品为农林牧渔业所用的经济活动，比如肥料、农兽药、农机、渔业船舶等农林牧渔业生产资料制造以及农田水利设施建设；二是直接使用农林牧渔业产品的经济活动，比如粮油、肉蛋奶、果菜茶等食用农林牧渔业产品加工与制造，棉麻、木竹、天然橡胶等非食用农林牧渔业产品加工与制造；三是依托农林牧渔业资源所衍生出来的经济活动，比如农林牧渔业及相关产品批发零售和仓储配送、农林牧渔业休闲观光和乡村旅游、农业科技信息服务、农业金融服务等（图 5-1）。

图5-1　由传统农业向现代农业转型

2020 年，全国农业及相关产业增加值 166900 亿元，是农林牧渔业增加值的 2.05 倍，占国内生产总值的比重为 16.47%。这也从数据上反映出我国农业全产业链的价值，充分体现了农业农村经济在国民经济中的重要地位。

二、农业产业链延展的三种基本模式

为了给农业产业带来更多附加值，一个重要手段就是延展农业产业链，让更多价值融合在这个链条中。可以通过以下三种方法延展农业产业链：

（一）加工链的纵向延伸

比如，不断提升农产品精加工和深加工的水平，研制开发出诸如功能食品、保健品、生物质能源、药品等新兴农产品，大幅提高产品的附加值。要想实现这些，必须依靠科技进步的推动。

（二）服务链的横向扩展

这就要求将农产品的生产性服务和农产品的加工过程分开，将农业生产和服务的各个环节发展为独立的部门。比如，设置农业科技服务部、植保施肥服务部、农机服务部、信息服务部等，让这些部门成为专门的农业生产性服务组织。

（三）融合与拓展功能链

传统的农业主要是为了解决人类的温饱问题，而现代农业则扩展到服务于人们对精神生活的追求，所以，农业必然由提供食物这一基本功能逐步扩展至生态、文化、旅游等领域的“软功能”。所以，农村的产业发展链条，可以将农产品与文化创意、休闲旅游等产业结合起来，创造出创意农业、体验农业、休闲农业等新兴行业，将产业链延展到服务领域。

目前，我国的农业产业链已经融入现代农业的诸多领域，联结了农业的上下游，不仅包括生产环节，还包括服务环节。这些联结也将经营主体紧密联结在一起，形成了现代农业的核心产业组织形态，成为小农经济与现代化大生产的有效联结方式。

三、我国农业产业链发展的问题

首先是整体的竞争力不强。主要表现在：一是加工链普遍不长，农产品的加工水平都比较低，更不用谈精深加工了。再加上很多农产品加工企业规模较小，设备落后，很难进行高质量的农产品加工，生产经营成本高，不能适应市场的需求。二是服务链发展比较滞后，很多农户都是自给自足式的生产方式，这就使得农民在参与农业产业链的延展过程中，对生产性服务的需求不强，制约了农业服务业的发展。三是农业功能链正在起步阶段，不仅链条短，很多政策都跟不上，资金能不能到位，土地能不能供给、交通能不能保障、环保设施能不能跟上，都是问题。

其次是产业链的上游太分散，组织化和一体化程度偏低。不论是农业生产还是牧业生产，都是以一家一户为单位，生产规模小，缺少组织化意识。在市场比较分散的情况下，很多企业无法形成聚集效应，那些处于核心位置的企业无法起到引领和带头作用，供应链基础设施落后，产业链管理水平不高。

本来农户和企业都是以非正式的合作为主，通过股份联结的方式并不多，农业产业的订单和合同也都不规范，就无法紧密联系上下游的经营主体，在生产组织、质量监控、信息传输、价格协商等方面合作难度较大。

再次是产业链上的分配机制不完善，农民处于弱势地位。一般来讲，农民注重短期收益，而企业注重长期收益，需求不平衡必然带来双方的合作困难，这种矛盾会阻碍产业链的进一步发展。而且，企业一般控制着产业链的关键环节，很容易分享全链条上的增值收益，农民在信息、流通等方面处于劣势，利益上得不到保障，也很难和企业达成长期、稳定的合作关系。

最后是缺乏相应的人才和健全的政策支持。产业链的发展需要顶层设计，从总体上规划，有序管理并进行成本核算，这些都需要专业的人才支持，也需要政策上的倾斜。

第二节　现代农业的赢利模式

现代农业之所以区别于传统农业，一个主要标志就在于现代农业有赢利的商业模式。成功的农业产业商业模式，必然是有好的市场定位，有主导的产业优势，并能够形成支撑自产自销的产业链，有明确的赢利点。

现代农业有各种各样的表现形式，每种形式都有自己的赢利模式，具体来讲，包括智慧农业、数字农业、高效农业、康养农业、生态精品农业、中医农业、精准农业、订单农业、创意农业、品牌农业、观光农业等，还有小众的认养农业、阳台农业、生态农业、立体农业、设施农业、节水农业等。在这里，主要介绍六种常见的现代农业的赢利模式。

一、高效农业

高效农业是指通过扩大生产规模，将土地等要素集中，降低单位产品生产成本或者提高土地生产效率，增加产量来获取收益。高效农业以市场为导向，运用现代科学技术，充分合理利用农业资源，实现各种生产要素的最优组合，最终实现经济、社会、生态效益最大化，并且使得经济效益、生态效益、社会效益达到平衡。

高效农业主要包含以下四种项目：

（一）反季节栽培种植

比如，利用塑料大棚、温室等农业技术，错开种植的季节，使很多作物在寒冷的冬季也能开花结果，有产出并有收益，还能在市场上获得青睐。

（二）黑色作物种植项目

随着人们对健康的要求越来越高，黑色农作物逐渐受到大众欢迎。黑色作物有很多种类，比如黑玉米、黑小麦、黑芝麻、黑土豆等，都是公认的健康食品，对人体有营养保健作用，市场需求很大。

（三）山野菜种植项目

野生食品一直以来都受到大众的欢迎，主要是因为野生食品口味纯正，还有益于健康，更是稀有。比如，森林植物中的根、叶、花、果等，其中山野菜营养价值丰富，还有很好的保健功能和药效，有很广阔的市场空间。

（四）优质小杂粮种植项目

随着人们对生活水平的不断提高，对粮食的要求也不仅仅限于填饱肚子，而是要吃出健康、吃出情怀、吃出美味，在健康的需求下，小杂粮被捧上餐桌，市场需求不断增加，价格也是水涨船高。而且，小杂粮的种植，对自然条件的要求不是很高，比较容易实现。

以泰州市高效农业为例。泰州市是江苏省转型升级综合改革试验区，是高效农业园区建设的示范样本。泰州市主要从以下五个方面有效推进现代农业的发展：

1. 以各类农业园区为载体，扎实推进现代农业发展

加快“三横三纵”路网建设，打牢发展基础；紧扣“产业”，引导沿线乡镇发展，加快农业产业结构、产业布局调整，形成特色产业。进一步做优出口农产品示范基地、外向型农业示范区、苏台（姜堰）农业合作园三大载体。认真修编各地园区规划，指导园区科学发展。制定和完善园区考核管理办法，突出项目效益，推动园区健康发展。

2. 推进适度规模经营，加快培育新型农业经营主体

从资金、用地等方面加大对家庭农场的支持力度；继续开展家庭农场认定和示范家庭农场创建活动。鼓励农机手、基层农技人员、村组干部等开展多种形式的社会化服务。培育农业龙头企业，增强带动作用。鼓励和引导农业龙头企业与镇村进行合作，发展芋头、银杏、螃蟹等品质优良、附加值高的优势特色主导产品。

3. 以市场为导向，积极调整农业产业结构

稳定粮食生产，围绕“吨粮市”建设规划，稳面积、攻单产、提均产，确保粮食生产水平继续走在全省前列。紧贴市场需求，培育特色农产品。进一步做大做强河蟹、银杏等主导产业，鼓励发展芋头种植等特色产业，不断提升农业收益。切实抓好农产品质量安全，大力发展农业“三品一标”建设（图 5–2），全市农产品质量监测合格率达 98.2% 以上。大力发展农产品精深加工，建立健全农产品市场体系，鼓励发展多种现代流通业态。放大溱潼会船节效应，打造一批特色鲜明的景观旅游特色镇村和乡村旅游休闲产品。

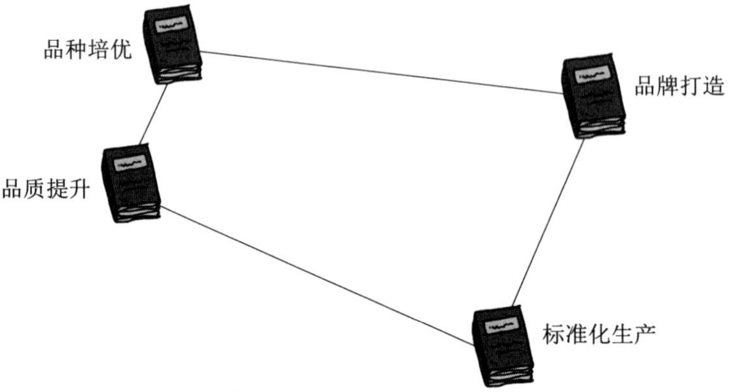

图 5-2　泰州高效农业的“三品一标”

4. 加大科技装备投入，提高农业生产条件和技术水平

提升农业机械化水平，加快推进设施农业、精深加工等装备的应用，2015 年泰州市农业综合机械化率达 80% 以上。加快推广应用自动控制等信息技术，以淘宝泰州馆、江苏买菜网等为载体和平台，鼓励发展农产品电子商务。放大泰州红旗种业优势，提高现代种业发展水平；推进农业科技创新应用，组织实施农业重大技术推广计划和农业科技入户工程；加强农田水利设施建设，大力实施农村河道疏浚整治和中小河流治理项目，全面提升农村河网水系的灌溉和引排能力。

5. 保护农村生态环境，建设美丽生态乡村

深入实施农村实事工程、农村公路提档升级工程以及农村饮水安全工程建设，完善农村基本公共服务体系。建立完善村庄环境整治长效管理机制，加快建立生活垃圾收运处理、道路修护、绿化养护、河道管护、公共设施维护“五位一体”的长效管护机制。2015 年，泰州农村生活污水处理率达 37% 以上，乡村道路完好率达 81%，乡村绿化覆盖率达 32% 以上。引导农民科学使用生物有机肥料和低毒低残留农药，推广绿色节约型技

术。加大秸秆原料化、燃料化和饲料化应用推广力度，全年秸秆综合利用率达 90%。

二、精深加工农业

精深加工农业是指在农产品原材料或者粗加工的基础上，按照功能成分等要素进行再次加工的方式。精深加工是延伸农业产业链、提升价值链的重要环节，也是推动农业供给侧结构性改革、加快农业产业化转型的重要举措。

这种赢利模式不仅能够提高产品的附加值，还能够平抑一个行业的大幅价格波动，因为这种模式可以吞吐这个行业的原料。

精深加工农业可以与专用原料生产、仓储物流（含冷链物流）、市场销售等上下游产业有机衔接，与营养健康、休闲旅游、教育文化、健康养生和电子商务等农村产业有机结合、深度融合。

在玉米丰富的东北地区，可以实现玉米的精深加工，提升玉米加工产品的附加值，还可以发展秸秆、玉米芯等原料的综合加工利用。在水稻或者小麦产量大的地区，可以对这些口粮进行适度的加工，提升粮食的品质，但也要避免因为过度加工而造成的资源浪费和营养流失。精深加工还可以是果品、蔬菜、茶叶、菌类、中药材、水产品等的提取和开发，要加大养生保健、食药同源的食品加工，扩大市场供应。

三、生态精品农业

生态精品农业是指并不盲目追求农业生产的规模和产量，而是将注意力聚焦在产品的品质和用户的感受上，依靠单品的高额利润来获得盈利能力。

以浙江丽水为例。丽水被称为“中国生态第一市”，丽水坚持走生态精品农业的路线，创建了一大批生产经营主体和品牌。其中影响力最大的要数“丽水山耕”了。“丽水山耕”构建的是一套母子品牌运行模式，实行农业企业子品牌严格准入和农产品溯源监管，打通生产、加工、销售的全产业链，为各品牌推广服务。“丽水山耕”品牌推出后，生产主体进入市场的成本降低，品牌效应既为合作社带来更多收益，也带动了当地农民增收致富。

四、品牌农业

品牌农业是指注重塑造农产品和服务的品牌，通过品牌去整合市场资源和产品资源，最终获得盈利。经营者通过取得相关质量认证，取得相应的商标权，提高市场认知度，在社会上获得良好口碑，从而获取较高的经济效益。

品牌农业有五个特征：一是生态化，就是按照自然发展规律从事农产品的培育和生产，加工和销售安全、健康、优质的农副产品。二是价值化，通过品牌定位、产品创新、品牌形象设计等传播推广手段，提升产业、企业和产品附加值，从而增加收益，实现可持续发展。三是标准化，对农产品的生产和加工过程，进行规范化、系统化、标准化的改造，使得农业生产实现可量化、可控制和可复制。四是产业化，即将一二三产业紧密融合，形成完整的农业产业链。五是资本化，用资本的力量撬动和助推现代农业的跨越式发展。

以农产品区域公用品牌徐闻菠萝为例。2019年，广东省农业农村厅针对徐闻菠萝如何解决“生产条件最好、生产份额最大的地区增产不增收”这一问题，组成徐闻菠萝专项工作组，以广东菠萝“12221”市场体系建设为主题开展专题研究。推出的“12221”市场体系，即“1”个菠萝大数据，组建销区采购商和培养产区经纪人“2”支队伍，拓展销区和产区“2”大市场，策划采购商走进徐闻和徐闻菠萝走进大市场“2”场活动，实现品牌打造、销量提升、市场引导、品种改良、农民致富等“1”揽子目标。

在“12221”市场体系作用下，徐闻菠萝渐渐打出了市场。一是菠萝大数据发挥作用，采购商指数和菠萝采购价格指数使政府部门了解产销情况，农户掌握市场信息，采购商对接和组织供需市场，从而带动整个菠萝市场体系良性发展；二是采购方式从小批量、低端采购为主向大宗、中高端采购发展，带动了高品质菠萝的销售，推动菠萝品种结构调整；三是销区市场不仅持续带来采购热潮，更推动了“徐闻菠萝”的品牌建设；四是徐闻县委县政府转变观念，以市场为导向，提前谋划，各部门联动实施“12221”行动，从资金、政策、行动上为徐闻菠萝市场营销提供服务，推动了菠萝产业市场体系建设。

过去几年，徐闻菠萝走过了一条“无人要”到“网红果”的市场化路程，产值从2018年的3.5亿元提升到2022年的25亿元，溢价6倍。徐闻菠萝成为广东省典型的农产品区域公用品牌。

五、创意农业

创意农业是指充分拓展农业的多功能性的特点，从农业的休闲、科普、观光、生态文化等功能中挖掘农业的价值进而获取盈利。创意农业是无边界的创意产业与农业产业的融合，不仅生产创意农副产品，而且创新农业发展模式。

比如，集太阳能光伏、LED照明等为一体的“太阳能光伏LED植物工厂”就属于创意科技农业，是创意农业的一个分支。再比如，兰州有一种新品种的土豆叫“黑美人”，其经过太空诱变育种，其外表为黑色，肉为鲜红色，色泽夺人眼球，营养价值高于普通土豆，也是一种创意产品，市场前景广阔。

六、流通服务农业

流通服务农业是指通过建立销售通路，解决大多数农业重生产轻营销的难点和痛点，从中获取利润。

农户最大的痛点就在于辛辛苦苦种植的农产品卖不出去，没有销路，或者运不出去，而另一边，城市的居民吃不上新鲜又便宜的蔬菜水果。如果能为农民解决产品的销路问题，则是一举两得的好事情。以长沙市为例，长沙市搭建了生鲜农产品流通服务平台“千农惠”，让小农户、农产品种植基地、餐饮机构、城市社区生鲜门店和居民之间，有了沟通的桥梁，实现了本土生鲜产品的平台化运营。

第三节　现代农业的发展趋势

我国正处在从农业现代化向农村现代化加速扩展的交汇期，发展的驱动力也从原来的要素驱动转变为创新驱动。在这种背景下，现代农业的发展趋势逐步表现为：农业从供给导向型向需求导向型转变；消费者对食物的要求从能吃饱到吃得好、吃得健康的大食物观方向转变；常规的集约化农业向绿色低碳的生态化农业转变（图 5–3）。

图5–3　现代农业卷心菜基地

具体来讲，现代农业呈现出以下九个方面的发展趋势：

一、专业化

各地区、各企业充分发挥自身优势，积极打造核心竞争力，将自身所擅长的领域发挥到极致。

专业化是农业生产分工的一种形式，主要包括地区专业化、生产单位专业化以及工艺专业化，主要目的就是提升资源的利用效率和劳动生产率。地区专业化就是特定的地区生产特定的产品，比如，在土壤、自然条件适宜的地区，种植相应的农作物，尽量利用好天然的自然条件。生产单位专业化就是特定的生产单位生产特定的农产品，比如种粮专业村、养猪专业户等。工艺专业化就是让某个生产单位完成生产过程的特定环节，比如农业专业社会化服务。

山西运城市万荣县万荣现代农业产业示范区，为推进苹果、香菇、水果等产业高质量发展，探索建立了“五个一”工作机制，在农业产业专业化方面趟出了一条新路。万荣现代农业产业示范区具体从以下五点实现专业化。

一是一个产业一支专业团队，形成现代农业发展“智囊团”。示范区与中国农业大学等20余家高校、科研院所长期合作，为每个农业产业打造一支专业科技团队。二是一个产业一套技术标准，形成现代农业发展“教科书”。编制了《苹果提质增效技术指导方案》等30余项技术规程，并在国内首先发布了红富士苹果地方生产标准。三是一个产业一个人才体系，形成现代农业发展“人才链”。建立了覆盖农业全产业、全领域的“30105”农业技术人才培训体系，筛选储备30名专家，每个专家带动培养10个技术“二传手”，每个“二传手”再带动5户种植户，形成万人规模的技术推广体系。四是一个产业一批示范基地，形成现代农业发展“样板田”。新建了苹果、香菇、水果等30个新品种示范园，让群众学有方向，干有奔头。五是一个产业一批社会化服务组织，形成现代农业发展“服务网”。引进了农业社会化服务项目，组建了3支百人以上技术团队，围绕果树整形修剪、病虫害防治、疏花疏果、果实套袋、果实采摘、大棚建设、香菇采摘、菌种培育等生产环节，采取全时托管、分时托管、需时托管的方式，帮助群众减轻劳动强度、降低生产成本、提高生产效益。

以“五个一”机制为支撑，2021年区内果业新品种、新技术、新模式栽培面积增加至1万亩，香菇突破2000万棒，万荣香菇、油桃、三白瓜入选全国名特优农产品目录，被评为“万荣苹果国家地理标志产品保护示范区”，区内农民人均可支配收入达到1.8万元，高出全县平均水平33%。

二、标准化

农业标准化是指在农业生产、加工和流通环节中，遵守简化、统一、协调、优化的原则，把农业生产的实践经验和农业科技成果转化为标准，并且加以推广应用，从而建立起标准化、规范化、程序化的农业生产流程。现代农业的标准化可以增加农产品的产量，提高农产品的品质，增加农民的收益，还能建立起优质、高效、集约化的现代农业生产体系。

目前，随着消费者对食品安全、营养、口感等要求的日益提高，推动标准化生产、标准化管理已经成为现代农业发展趋势。

以三江侗族自治县国家稻田养鱼标准化示范区为例。自2017年起，三江县对全县传统的稻田养鱼模式进行技术标准创新，大力实施种稻养鱼"3721工程"，即利用3年时间，推广标准化种稻养鱼7万亩，打造三江"高山稻鱼"和"高山鱼稻"2个绿色生态品牌，使农户年人均增收1000元，进一步提升三江县稻田养鱼产业竞争力，促进鱼、稻产品向集约化、规模化、品牌化方向发展。

示范区将当地"稻+鱼"立体生态综合种养开发的关键技术总结提炼形成标准，创新建立了《"稻+鱼"立体生态综合种养标准体系》，包括通用基础标准子体系、农产品生产标准子体系、旅游服务标准子体系和经营管理标准子体系等在内的123项标准。其中国家标准63项、行业标准47项、地方标准3项、企业标准10项，确保稻田养鱼产品产前、产中、产后各环节均有标准可依。同时制定了广西地方标准《三江稻田鲤鱼养殖生产技术规程》，示范带动当地农户稻田养鱼标准化建设，增强农民脱贫致富的持续造血能力，有效提高三江稻鱼和三江鱼稻的产量和质量，打造"高山稻鱼"绿色品牌。2017年，三江稻田鲤鱼获得国家农产品地理标志认证，通过该品牌带动这一特色产业地区精准扶贫，促进农业增效、农民增收。2020年底三江县成功脱贫摘帽，历史性地告别了延续千百年的绝对贫困。

此外，示范区大力发展以"赏田鱼、抓田鱼、烤田鱼、品田鱼"为主的乡村休闲旅游，注重用标准化促进农业和旅游深度融合，创新构建稻田养鱼旅游标准子体系，建立了农家乐设施与服务规范等15个乡村休闲农业方面的标准，把生态资源优势与旅游资源优势充分结合起来，实现稻鱼综合种养产业与特色民族风情旅游产业有机联动，推进旅游产业提档升级，打造三江“千年侗寨，梦萦三江”的旅游品牌形象。标准化体系的实施，既规范了当地发展乡村休闲农业这一新兴产业，又提升了稻鱼综合种养产业的附加值，促进产业增值、农民增收，为稻鱼综合种养产业的发展拓宽了空间。

三、规模化

分散经营的弊端已显现，规模化经营将是必然趋势。发展规模农业是中国农业的趋势，规模农业的出现与三个重要因素相关。一是与土地制度改革有关，二是与农村剩余劳动力转移有关，三是与农业企业和农民打交道的经验和管理模式有关。

现代农业的规模化可以从产业布局、产业链条、组织、服务、适合工厂化生产等五个方面进行。没有土地优势的地区追求单位土地产出最大化（图 5-4）。

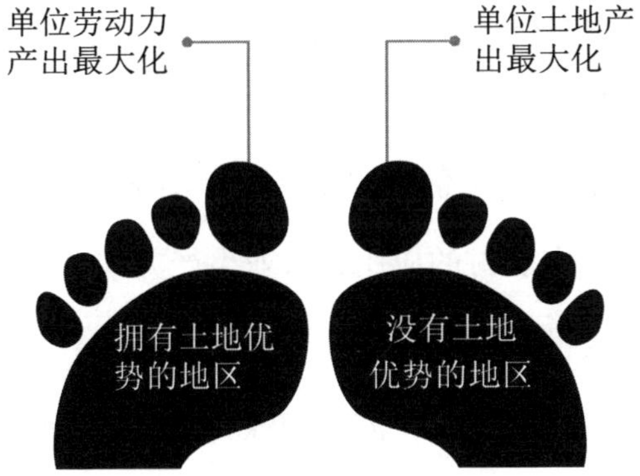

图5-4 农业追求的逻辑目标

宝鸡市陈仓区实惠农机专业合作社是宝鸡市粮食规模化经营示范社。合作社流转耕地 1100 亩，通过统一经营管理，亩增产 6% 以上，亩节支

30元以上，托管耕地11000亩。通过全程机械化作业，农户亩节支20元。

合作社形成了渭北旱地小麦栽培技术标准，涵盖优良品种选择、适期适量精播、测土配方施肥、病虫草害综合防治、全程机械化生产、农资产品购销等环节，实现耕作、播种、管理、植保、收割、存储社会化服务“六统一”。

四、信息化

现代农业的信息化是指在农业生产过程中，遵循现代经营管理理念，应用物联网、5G、人工智能、大数据等方式，创造出更高效率的农业产业的过程。现代农业的信息化包括农业企业基础装备信息化、农业技术操作自动化、农业经营管理信息网络化。

作为一个具有悠久历史的农业大国，我国农业的信息化过程必然是既要吸取西方发达国家的先进经验，又要持续有效地进行自我创新，确保过程更加有序，实现可持续发展。

持续化、网格化、高效化、综合化是我国农业信息化的主要特征，也是独特优势，可以有效解决信息互通互联，增加农民收入等一系列问题。随着农业信息化技术在农村的应用，农业生产方式发生了重要变化，农民生活也得到了显著改善。

在发展农业信息化过程中，需要加强农业基础设施建设和大量的资金投入，这就需要运筹帷幄和提前规划。

以北京市平谷区未来果园为例，该果园位于平谷区峪口镇西营村西侧，占地面积60亩，其中50亩为桃园，另外10亩种植的是猕猴桃。未来果园是峪口镇依托市级现代农业产业园建设的要素高度聚集、设施装备智能、三产高度融合的综合示范智慧果园。

果园建造了2座简易大棚，能提升棚内温度，促进果实提早成熟。优中选优，引进绿贝、红贝等10亩软枣猕猴桃，引进珍珠油桃、冰糖脆、蜜桃、中油蟠9、中油蟠13、金苹美等大桃品种，确保果品特色鲜明、销售周期7—10月全覆盖。

同时，峪口镇大力发展“互联网＋大桃”，以网络直播带货等形式，进一步扩大平谷大桃在互联网上的影响力。从果园到舌尖，规模化的快捷运输方式让朝摘夕至成为可能。果园通过搭建起“空中卫星遥感＋天上无人机＋地上传感器”天空地一体化的果园智能感知系统、基于作物生长模型的智能分析平台、大数据存储与展示中心，实现土壤、水肥、气象、虫害、果树长势等实时监测管理和果品的全程溯源管理。

通过信息化和高科技，建设各类监测点和便携式检测点85个，开展地面无人作业技术试验示范，实现农机调度、农业一张图展示，建设农田指标可视化、质量追溯等多个平台。未来果园可以对气象、土壤墒情、视频、作物生长情况等进行实时监控。

五、集约化

农业集约化是指在一定面积的土地上投入较多的劳动、资金和技术，以取得较多的单位面积产量，减少单位产品劳动耗费的一种农业经营方式。传统粗放经营模式将逐渐退出，用最少的资源或投入换取最大回报和收益的集约化经营将是未来发展趋势。

例如，山东省临沂市平邑县金银花产业“五位一体”集约化服务体系，就是很好的探索。为提高产业融合增值效益，围绕金银花全产业链，开展集约化社会化服务。一是开展生产成本调研，监测金银花购销价格。设立金银花成本调查点和价格监测点，对金银花生产成本进行调查，对市场价格进行监测。根据调查监测结果，及时发布《关于平邑金银花购销价格的指导意见》，有效避免了企业竞相压价行为。二是建设“阳光市场”，规范交易行为。坚持“部门监督与行业自律、扶持引导与严厉打击、综合整治与规范提升”相结合，通过持续整治，打造了阳光市场，营造了诚信经营的平邑金银花市场交易氛围。三是建设金银花网站，打造电子交易平台。建设平邑金银花旗舰店，利用金银花电子商务交易平台，培训金银花电子交易操作员队伍。采用电子商务、现代物流、仓单质押、期货贸易等新型交易方式，有效规避种植、生产、加工、贸易等环节价格波动。四是发挥品牌效应，制定金银花地方标准。五是发挥专家委员会的作用，努力研发新产品，拉长产业链。金银花原汁、含片、品牌茶叶等新产品相继投产，金银花价格同比增长了20元/千克，质量等级也明显提高。发挥农民合作社作用，试验推广矿物源农药、植物源农药和有机肥料，有效提升金银花品质和安全性能，社员每亩收益达0.6万～1.5万元，有效保护了花农利益。

六、生态化

全球生态环境的恶化和社会环保意识的增强，呼吁农业产业发展与生态发展的协调统一。农业生态化隶属产业生态化范畴，是产业生态化在农业领域的延伸。农业生态化是指在一定的区域内，生产过程模仿自然生态系统运行，构建健康稳定的生态网络，实现生产集约化和高效化，达到产品量足质优。

绿色、健康是生态化的底色。因此，一些环境保护型农业、亲环境农业都是明显的生态化发展的例子。中国还推行了绿色食品、有机食品的认证体系，明确了相应的生产标准，使得生态化在生态安全食品认证体系的框架下得以实现。

浙江青田稻鱼共生系统是典型的农业共生模式，也是新生态循环农业的典型。稻鱼共生将种稻和养鱼有机地结合起来，发挥了水稻和鱼类共生互利的作用，获得稻鱼双丰收。稻鱼共生的水稻为田鱼提供适宜的生态环境、部分饵料，可减少饲料的投入和鱼病的发生；田鱼吃稻田里杂草和部分害虫，可控制稻田病虫草害的发生，减少农药施用；田鱼排泄粪便可肥田，鱼在稻田中来回游动，翻动泥土，起到松土作用，促进肥料分解，有利于水稻分蘖和根系的发育，可减少肥料施用。这种模式实现了“肥药双控”，农田排出的水质中氮磷都实现了大幅度的降低，为我国山区农业生态保护与修复提供了青田样本。

七、深加工

现代农业企业将大力发展农产品深加工，延长产业链条，提高产业附加值。对于消费者来说，目前已经告别了满足温饱的阶段，但是对产品的质量和营养健康方面有了更高需求。农产品要想在市场上占据一席之地，就需要通过深加工，提升农产品的品质，这种加工是全程机械化、智能化、数字化的，有很高的科技含量。

典型案例就是重庆涪陵以精深加工为引领打造的“榨菜之乡”。涪陵榨菜是重庆市重点打造的百亿级山地高效特色农业产业链之一，创造了“青菜头种植面积最大”“榨菜产销规模最大”“榨菜品牌知名度最高”“榨菜产业链条最完整”的4个“全国之最”，形成“涪陵青菜头、全形榨菜、方便榨菜、出口榨菜”四大系列200多个品牌，产品畅销全国，并出口50多个国家和地区。通过建立“园区牵龙头、龙头带基地、基地联农户”的园区型带动模式，已经形成了以农产品加工为核心的产业链条，为延长产业链、提升价值链、拓展贸易链奠定了良好基础。

涪陵区按照“大生产+精加工+高科技+深融合+强服务”思路建园，逐步形成了青菜头种子选育、种植加工技术创新、青菜头种植、青菜头加工、榨菜精深加工、副产品开发、产品销售等科工农贸一体化发展的全产业链，基本建成重庆市乃至全国乡村产业兴旺引领区、农业高质量发展示范区、现代技术和装备加速应用集成区、一二三产业融合发展先导区、新型经营主体“双创”孵化区，成为区域经济发展的重要增长极。

通过推动种植方式由“劳动密集型”转变为“轻简高效型”，加工方式由“自动化”提升为“现代化”，消费方式由“大众佐餐小菜”延伸至“即食化配菜、休闲化果蔬”，推动榨菜产业不断升级，促进榨菜产业主体集聚化，打造全产业链开发、全价值链提升的榨菜优势特色产业集群。

目前，重庆市涪陵区榨菜全产业链产值超过130亿元，榨菜全产业链发展格局进一步完善，涪陵区将建设成为全球最大的集“品种选育、种植加工、榨菜出口、文化旅游”于一体的全产业链世界榨菜之乡，带动涪陵榨菜高质量发展。

八、品牌化

品牌经营也将是未来现代农业发展的一大趋势，因为人们对于产品的认知，更多地依赖这个产品的品牌和口碑，以及产品的输出价值。

中国目前正在构建自己的农产品品牌体系，但这个过程仍是艰难的，农产品品牌的形成需要优良的品质保证，需要近似于苛刻的生态环境保障，需要持续的品牌运营。

现代农业是一个朝阳产业，具有无限的发展空间和美好的发展远景。近年来，随着“三农”问题的不断深化，消费者品牌意识的逐渐增强，农产品的市场营销问题日益突出，特别是农产品的品牌运营管理问题已经成为加快中国农业产业化进程和农业结构战略性调整、改善生态环境、提高农业附加值、促进农民增收和推动中国农业高质量发展的关键。在此背景下，创建品牌、培育名牌已成为提升农产品市场形象，增加农产品市场竞争力的主要手段之一。

例如，重庆市彭水苗族土家族自治县双龙乡始终坚持调整优化产业结构，推动农产品品牌化、规模化，深入营销“彭水龟池大米”“稻鱼恋”“九黎橙”等品牌，促进全乡农业产业高质量发展。

九、健康化

传统农业在发展过程中，因为过度使用农药和化肥，使得农业资源超载运行，造成了农药残留超标、土壤污染、微生物减少、地表水污染等问题。农产品和食品的安全和质量问题更是时有发生。

健康农业很自然就成为转变农业生产方式的必然选择。我国消费者对健康食品的需求越来越迫切，在这一强大需求的驱动下，绿色农业和功能农业快速融合，形成健康农业发展趋势。

健康农业尊重自然、保护环境、节约能源、善用科技，追求种、养、加链条自身的循环发展，以期实现农业生态化、营养化，满足人们的多功能需求。农业发展因为有了健康农业而迈入新的阶段。

在大健康战略背景下，我国农业也将进入新的发展时期，继高产农业、绿色农业之后，功能农业被认为是第三个发展阶段，农产品的市场结构和消费需求将发生重要变化。功能农产品让农产品中的营养物质从“富含”变为“定向含有”，被认为是未来高端食品的发展方向。

江苏省南京市江宁区淳化街道新兴社区有一家名叫“一米恬园”的农场，那里生产的一种“高端”大米，售价远高于普通米，能卖到每千克 30 元，却仍然供不应求。这种米是最新研发出来的功能性大米——葡聚糖大米。目前，全国生产葡聚糖大米的厂家极少，而全国约有 1.6 亿糖尿病患者，可谓商机巨大。这种葡聚糖大米适合糖尿病人食用。

第四节　现代农业的投资走向

我国农业的特征是农业基础设施落后、机械化结构失衡、农业污染严重、劳动力素质较低且流失严重、生产效率较低、土地质量下降，我国农业产业要向现代化农业发展，必须解决上述六个突出问题，而农业产业的投资机会也基本围绕如何解决这几个问题来考虑。

一、农业领域投资正悄然兴起

过去很长一段时间内，农业领域的投资都不温不火。究其原因，一是因为农产品价格低，相应的投资回报率也低，资本自然会选择投资回报率更加可观的领域；二是农业领域的投资风险受很多因素影响，比如，天气变化、动植物疫病等，都是不太可控的因素，一旦碰到，损失巨大，风险太高；三是我国的农业项目的治理能力和管理水平普遍偏低，农村的企业多是家族企业或者地方性企业，生产经营效率较低。

如今，随着人们对健康的关注，对高质量农产品的需求增加，农业领域的投资逐渐兴起。再加上政府对互联网行业的严厉监管，使得投资者更加谨慎，寻求新的增长领域，这样农业便被选中。消费者观念的变化以及政策的变化，都优化了农业领域的投资环境，使得投资者对农业领域的投资信心增加。

比如，高标准农田建设、仓储冷链物流、现代种业等，都是政府明确给出的支持信号，也是积极鼓励社会资本投资的重点领域。此外，中西部地区农村基础设施不断完善，现代铁路、公路货运物流的延伸，使得农产品运输变得更加便利，这些都是形成良好投资回报的基础，是投资者更为看重的。

此外，科学技术的发展，为农业的增产增收和提质增效发挥了重要作用，比如基因编辑、人工智能等技术带来的农业生产效率的大幅度提升，都让投资者看到了农业产业发展的内生动力。

对农业领域的大幅投资，将对农业现代化和适度规模化经营起到明显的助推作用。

二、未来农业的投资机会

未来，社会资本对农业的投资，包括针对扩张期企业的投资将进一步增加，针对第二三产业的投资将继续保持核心定位。而产业化的发展，将会提升整个行业整体并购的活跃度，引发农业领域的并购潮，跨界投资迎来黄金时期。

对农业领域的投资，从政府到金融机构，再到风险投资和私募股权投资等市场化投资人都越来越给予关注。其主要原因是，在实施乡村振兴战略的大背景下，对农业农村投资的资金需求和缺口都非常大，机会也非常多。

具体来讲，现代农业的投资主要倾向于以下四个方面：

（一）针对扩张期企业

针对扩张期企业的投资将进一步增加，行业规模化集约化发展趋势将促使行业整体投资优先以扩张期企业为目标。

（二）针对农村二三产业

随着科学技术，尤其是移动互联网技术以及物联网技术在农业领域的广泛应用，农村二三产业将继续保持对第一产业的领先发展优势，针对农村二三产业的投资将继续成为行业投资的主流。

（三）针对行业并购投资

行业规模化、集约化、标准化发展正在加速，结构性调整在所难免，并购整合将是推进此进程的行之有效的方式。

（四）针对跨界整合投资

产业边界的淡化将推动跨界投资的进一步发展，全球化竞争、产业化发展，又将从地域上推动投资的跨界整合。

三、资本进入农业领域的注意事项

农业产业的周期比较长，发展比较慢，投资回报没有固定的时间点，这就要求投资者要有信心、有耐心。投资者可以从自身的规模、定位和风险偏好出发，选择一些大型的、有发展潜力的农业项目。比如，可以与当地的农业专业合作社合作，紧密联系当地的农户资源。

随着一二三产业的融合，资本可以从中挖掘商机，在延长农业产业链上做文章，保持价值增值，把蛋糕做大，和农户一起分享增值收益，这是社会资本的重要机遇。

在这个过程中，需要注意风险问题。第一，农业最大的特点就是受环境和气候因素影响比较大，即便现在有科技支撑，依然无法完全规避这些因素的影响，所以农业领域的投资与一般行业相比，风险依然较高。第二，我国的农村各有各的特色，各有各的自然条件和环境禀赋，很难形成统一的商业模式，难以进行规模复制，这也是投资的风险之一。第三，就是人才的缺乏，目前农村大都是留守妇女儿童和老人居多，仅有的劳动力也普遍素质偏低，不具备专业农业生产经营能力，这会限制农业产业项目的发展（图 5–5）。因此，农业领域的投资将是一个长期的过程，如果今年进，明年出，肯定不会有收益。

尽管农业投资领域存在较高的风险，但是机会也非常多。比如，基因编辑工具、蔬菜育种等生物技术、数字技术、跨领域技术的应用带来的新机遇，新材料、机械制造、智能控制等方面也都存在很明显的短板。若能解决这些短板，就可能撬动十亿、百亿甚至千亿元级的市场，获得丰厚的投资回报。

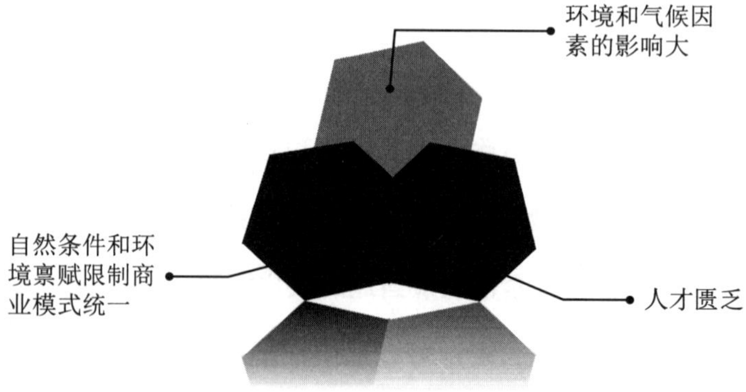

图5-5 农业投资的风险特点

第六章

农村产业融合发展趋势

农业农村的产业融合发展，是实施乡村振兴战略和深化农业供给侧结构性改革的重要内容。在我国农村产业融合发展过程中，呈现出纵横一体化、全产业链化、交叉融合、空间融合等趋势，产业融合的模式也向着大农业、大健康的方向发展，呈现出欣欣向荣的景象。

第一节　产业融合的趋势

产业融合是指在开放的产业系统中，不同产业系统之间，因为技术进步、规制放松、管理创新、需求拉动等相关联的因素，使得不同产业之间相互渗透、彼此交叉，然后演进为产业之间产品、业务与市场的相互融合，这时候产业的边界变得模糊，甚至需要重新划定，这个动态的发展过程就是产业融合。

在农村，农业产业融合主要是指一、二、三产业之间的融合。

一、未来全球产业融合的发展趋势

为了满足未来人们和社会发展的新需求，未来的产业必然是以科技创新为驱动，鼓励那些拓展人类生存发展空间、增强人类自身能力、服务人类社会可持续发展的新兴产业，这是未来科技和产业发展的新方向。

因此，新能源、新生物等技术，以及信息技术、纳米技术和空间技术等新兴科技发展，都成为引领产业跃迁的新动力。以智能化为重要特征的第四次工业革命，将信息技术、智能制造、生命科学等诸多科学技术交织在一起，并与产业体系深度融合，无论是传统产业还是未来产业，都在这一变革中焕发了新生。

首先是产业创新向智能、低碳、健康等方向发展。智能主要是指对半导体、人工智能、区块链、量子技术、机器人、脑神经信息等前沿技术集群的部署。低碳主要是指对生物能源、绿色交通、氢能、低碳工业、低成本核能等前沿技术集群的部署。健康主要是指对未来医学、生物信息学、疫苗研发、精准医疗等前沿技术集群的部署。

其次是产业转型倾向于将未来产业与传统产业融合创新。未来产业的兴起，将会是传统产业的新机会，传统产业如果与未来新兴产业融合，将引发新的潮流。在信息技术、人工智能、物联网等科学技术的影响下，传统产业对这些新兴技术的应用，将使自己升级为新兴的未来产业。比如，美国利用先进技术升级传统制造业，俄罗斯基于新技术与传统产业融合提出了九大市场方向，都是在传统产业基础上孵化新兴产业的例子。

再次是产业组织模式向全产业链创新发展，从技术、生产、产品到营销一应俱全。未来产业的不确定性更大，因此需要各类产业的新技术、新要素和新主体的联合推动。比如，国家会将技术转化与知识产权合并推动形成“政产学研用金”的创新链，德国亥姆霍兹联合会在各研究中心建立技术转移机构，引入社会资本成立基金会促进成果转化，就是这方面的例子（图 6-1）。

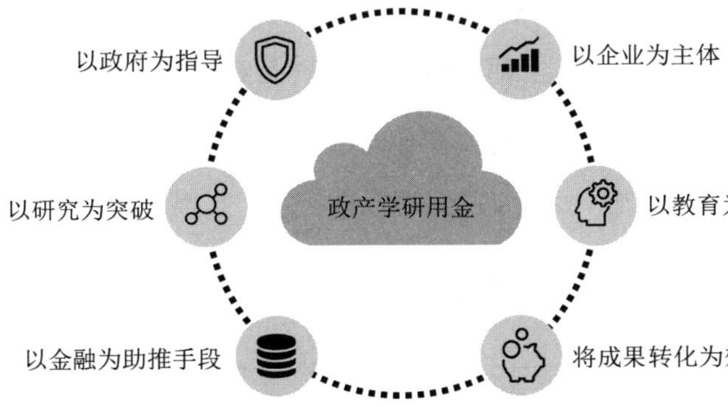

图 6-1　政产学研用金六位一体

二、我国产业融合的发展趋势

首先是产业融合升级。早期的产业融合主要是技术融合，后来逐渐拓展为市场制度、政府政策，以及社会文化等的融合。中国的产业融合虽然滞后于发达国家，但是由于在信息技术上的追赶速度非常快，导致每个层次间的产业融合速度更快，形式更加多样，而层次之间的转化也更加剧烈。

其次是创新与融合相互促进。在产业融合过程中，创新会促使新的产业融合，而产业融合反过来触发更多的技术创新，这是一个相互促进循环上升的过程。物联网、工业云、大数据、5G 网络等新技术的应用，驱动了新的产业蓬勃发展。而在这些新技术催生下的产业，又反哺技术进一步升级，随着技术的扩散，激发出了众多新的产品、业务、组织形式、管理方式和市场需求。

再次是跨越空间的融合更加明显。随着信息技术的发展，产业的布局可以摆脱空间的局限，特别是知识密集型产业，拓展范围更加广泛。产业融合也因此不局限于地域的限制，而有了更大的融合自由，这是大势所趋。比如我国这几年发展迅速的农业电商，农产品的种植或养殖在郊区，网站销售、配送服务基本上都在城市，这就是典型的空间融合得比较完整的产业链，把农业、电商、物流产业融合在一起，跨越了城市和农村的空间界限。

最后是产业与金融资本的关系逐渐紧密，相互渗透。产业融合是一个不断扩张的过程，必然带来资本的介入和扩张，具体体现为很多工商企业和金融企业相互参股或控股。前面提到，产业发展的趋势中，企业的并购重组也是趋势之一，在这个过程中，必然伴随金融资本的介入。银行投资是企业集团实现产融结合的有力手段之一。农村的产融结合更多体现为社会金融、普惠金融和农村产业的结合。

三、我国农业农村产业融合发展趋势

我国农业的现实情况是人多地少水缺，且地域特征多元化，各个地方的资源禀赋和经营主体都不一样，虽然是农业大国，小农却是现实的基本特征。也正是这个原因，我国的农业现代化道路，无法和发达国家相类比，只能探索如何在现实的国情下，走出以生产设施化、服务社会化、产业融合化为实现路径的产业融合发展之路。

纵观近年来我国农业产业的发展，大体呈现出以下四大趋势和特征。

（一）融合的主体不断壮大

在小农经济占主导地位的农村，经营主体正在发生变化，一大批经营主体正在向全产业链、全价值链方向发展，通过龙头企业的引领，产生了大量的新型农业经营主体，并将广大农民嵌入整个价值链，主体之间相互融合发展，不断壮大。

（二）融合的业态更加多样

“农业 +”已经成为农村最常见的多业态发展模式。比如“种植 + 林牧渔”，可以形成循环型农业；“农业 + 生产加工”，可以形成延伸型农业；“农业 + 信息技术”，可以形成智慧型农业；“农业 + 文化”，可以形成体验型农业等。这些都是农业产业融合的例子。

（三）融合的模式不断创新

一方面，农业产业向内融合，产生了“林下养鸡”“稻田养鱼、养虾蟹”“鸭稻共生”等新型的业态；另一方面，农业产业向外延伸，和加工、流通领域融合，形成了中央厨房、农商直供、主食工厂化等新型业态。还有的农业产业，通过功能拓展融合，催生了创意农业、乡村民宿、教育农园等新业态。而农村与城镇的融合，更是将美丽乡村、田园综合体等新型业态推广到各个村镇。这些创新的融合模式，给我国的农业产业发展带来了源源不断的动力。

（四）融合的机制更加多元化

无论是企业，还是农民，在这轮产业融合中，都是主要的经营主体，是利益的获得者，因此，各个利益体之间，会通过契约、分红、股权等形式，形成紧密的利益联结机制，将产业链条上的各方捆绑在一起，共同分担风险、利益共享。农民通过“流转获租金、打工挣薪金、经营赚现金、入股得股金”的“一地生四金”模式，利益更有保障，参与积极性也就更高。

在如火如荼的农业产业融合过程中，我国的乡村特色产业品牌呈现爆发式增长，农产品加工业、休闲旅游业、农业生产性服务业都有了明显增长。产业融合的潮流，正引领三次产业释放出更大的能量，为农村产业的转型升级提供动能。

第二节　农村产业融合的模式

在乡村振兴的历史进程中，促进农村一二三产业融合发展将是助推乡村振兴的动力，对社会主义新农村建设也有着重要的现实意义。在国家政策扶持和各地农民的共同努力下，我国农村出现了多种多样的产业融合模式。通过做加法，使得“农业 +”逐渐成为一种农业与其他产业相互融合、相互作用的全新体现。比如：“农业 + 电子商务”“农业 + 旅游”“农业 + 文创”“农业 + 康养”“农业 + 服务”等，对于提升农村发展水平和实现乡村振兴都具有重要的意义。

一、农村产业融合的“三方向六类型”模式

（一）以一产为主导的一二三产业融合模式

以一产为主导的产业融合模式，是指以原产地的特色种植业或养殖业为依托，打破传统农业产业限制，通过农产品加工、传统手工制作等第二产业的发展及产业服务、休闲服务在研发、生产、营销环节的介入，延伸产业链，推进一二三产业融合发展，即由一产带动二产和三产发展，实现“特色种植或养殖—加工—商贸服务或服务体验”的全产业链融合发展。

（二）以二产加工为主导的二一三产业融合发展模式

这里所讲的二产不是城镇化下以工业园区为主体的规模化、集约化发展的第二产业，而是依托农产品和特殊技艺的精深加工和手工制造业。二产的发展，向上需要以一产为基础供给原材料，向下需要配套性服务业如仓储、运输、电商等，以及支持性服务业如科技、信息、金融等（图 6–2）。对于依托特殊材质、特殊工艺、特殊人才的手工制造业来说，由于其独特的文化底蕴和价值，将实现与文创、旅游的高度融合，同时实现文化与技艺的融合。

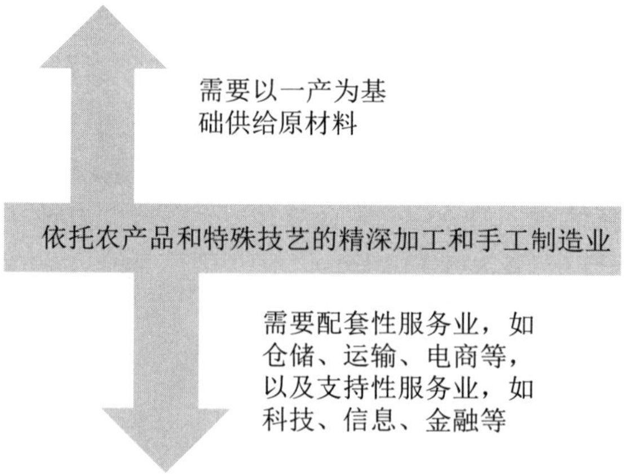

图 6-2　以二产为主的二一三产业融合发展模式

（三）以三产为主导的三二一产业融合发展模式

包括以下四种模式：

（1）旅游引导的消费带动融合模式。旅游拥有聚集人气和促进消费的优势，通过旅游活动的开展、旅游购物的消费以及旅游服务的体验，形成以消费聚集为引导的三二一产业融合模式。

（2）应用科技手段的渗透型产业融合模式。以科技应用带动的产业融合模式，往往是通过科技服务和科技应用转化来实现的。

（3）以文化创意为核心的带动模式。该模式以种植养殖及其农产品为基础，以文化创意为核心，通过文创农产品种植、文创农产品包装与加工，以及文创体验活动及节庆的导入，构建三二一产业融合发展模式。

（4）以电商物流为引领的服务带动模式。该模式主要以物流配送为核心，带动农产品的规模化生产、销售、服务以及加工企业的聚集和联动，构建完善的产业链体系，实现三产即服务业带动一产和二产的融合发展。

二、大农业、大健康产业将迎来黄金时代

当三产融合成为一种大势所趋，农业产业向着现代化发展，农产品的快销化和健康化是必然的升级过程。毋庸置疑的是，当前的健康产业正向着基地化的农业延伸，产业融合是大农业、大健康产业发展的良好契机。

比如中粮屯河股份有限公司是典型的农业产业化企业，它在产业的最前端有种苗和基地，中间有大桶番茄酱出口贸易产品，餐桌食品和快销产品有调味番茄酱和番茄汁等果蔬饮料，在健康价值的最高端也是产业的最末端有纯天然保健品番茄红素。

东阿阿胶、仲景药业、江中制药是医药企业，近年纷纷向食品发力，继而投资基地建设，将健康的产品日常化、快销化，并且沿着产业链一直做到了最前端——基地，俨然是个农业企业。

其实，我国有着很好的发展大农业、大健康产业的基础和条件。因为我国是举世闻名的美食王国，又是药食同源的养生大国，无论是在食品领域，还是在养生领域，资源都特别丰富。比如，内蒙古和新疆的牛羊肉、东北的人参和鹿茸、西北的虫草和枸杞等，都是大健康产业的天然名片。

大农业、大健康产业有非常惊人的市场，只要满足国内消费者的需求，都将创造百亿量级的奇迹。通过发展大农业与大健康产业，可以带动解决中国的食品安全问题，还可以促进中国的产业升级和消费升级。

就连世界投资大师罗杰斯都忍不住呼吁：“想致富，赶紧去当农民。”

三、相关链接：别国产业融合模式

（一）日本：农工融合模式

日本的国情是耕地少，人口多，农户想要提高收入，振兴农业农村经济，提出了“第六产业”的概念，就是农户同时经营第一产业、第二产业和第三产业，将农作物的种植、农产品的加工和农产品的销售服务融合在一起发展，发挥三大产业的乘数效应，即“$1\times2\times3=6$”的效果。

农工融合成了日本发展的主流，即以科技为引领，既发展农业生产，又连接农业的相关服务业，将传统农业向精深化发展，激发新活力。

（二）美国：农商融合模式

农商融合是指以信息为媒介，通过互联网、新媒体平台，扩大农产品的市场营销宣传，通过物流运输等手段，扩大农产品的销售渠道，各方融合，节约人力、物力和资金成本，激发传统农业的发展潜能。

美国农商融合的前提是，本身传统农业的产业化体系就比较发达，农产品出口规模庞大，在此基础上很容易与电子商务结合，形成农业核心竞争力。

（三）法国：农旅融合模式

法国旅游资源丰富，因此很自然将农业与旅游业相互融合，发挥各自的优势，突破农业和旅游业两大产业的界限，打造特色的融合产品，开创了享誉世界的乡村旅游模式。

法国乡村旅游业的兴起，不仅有效保护了当地的历史文化遗产，还促进了农产品的地产地销，使得人口被引回乡村，从而使乡村获得了持续发展的动力。

第七章
复合产业：大农业+大健康+大旅游

产业融合的潮流下，农业供给侧结构性改革不断深入，兴起了一大批新模式、新业态，农村田园康养、以生态为主题的乡村旅游生机勃勃，消费者的消费模式也向体验式转变，一切的发展都指向大农业、大健康、大旅游的复合型产业。

第一节　产业融合是实施乡村振兴战略的必然选择

前面提到，产业兴旺是实施乡村振兴战略的核心，是解决我国农村主要矛盾的关键。随着我国农村条件的不断改善，涌现出一大批新技术、新业态和新产品，相应地，会对产业的发展提出更高的要求，产业融合是推进实施乡村振兴战略的必然选择。

一、我国农村产业融合初见成效

一是产业融合促进了绿色生产技术的研发和应用，从而提升了农业的安全生产水平和农产品的供给质量。比如，创新了“虾稻共作”生态种养模式，使得绿色水稻、绿色水产成为虾稻生产的新方式，不仅实现了绿色环保，而且单位面积利润率比传统的水稻高很多。正是在产业融合的发展理念下，绿色农产品已经深入人心，不断壮大。

二是产业融合使得农民的收入途径增多。产业融合伴随着生产模式的创新、产业链的延伸以及新业态的打造，这些新增的利益链，把很多就业岗位和增值收益留在了农村，把更多的机会留给了农民，农民的收入途径扩展到了全产业链，比起原来单一的生产环节，获得更多收入。

三是产业融合的过程也是资源要素整合的过程，为精准脱贫攻坚提供了坚定的支持。在贫困地区，当地政府为产业融合提供了资金、技术、人才等方面的政策支持，并且与精准扶贫相结合，形成了地区独特的优势产业，培育了一批新型经营主体。

四是产业融合促进了城乡一体化。推进农村三产融合是新时期农民增收、农业发展的新方向，它能够有效改变原有的生产模式及销售模式，延伸农业产业链，让农民更多地享受到农业产业链带来的价值增值，缩小城乡收入差距，改变传统农村贫穷落后的面貌，创造新型城乡关系，是中国城乡一体化发展的重要组成部分。

五是产业融合成为实现农业农村现代化的重要途径。产业融合的过程，就是产业联动、产业聚集、技术渗透和体制创新的过程，是将生产要素进行跨界集约化整合配置的过程，是将更多先进生产方式和技术运用到第一产业的过程。在这个过程中，二三产业的发展理念也会同步融入到第一产业的发展上来，并且将新技术、新业态、新商业模式贯穿其中，从而实现综合效益的大幅提升，促进农民增收、绿色可持续发展的良性循环。因此，产业融合为中国实现农业农村现代化提供了良好的发展保障。

二、我国农村产业融合尚有五大不足

（一）产业融合深度不够

一些地方产业融合还停留在产业化升级的阶段，没有意识到产业融合的本质是三次产业之间分工的内部化，因而很难跨越产业的边界，真正实现不同产业要素之间的相互融合和相互配置。

比如，在纵向延伸的产业链上，产业融合普遍存在产业链较短、附加值不高、精深加工能力不强、物流和销售跟不上等问题。在横向拓展方面，对农业的文化传承和科学教育功能认识不足，还停留在传统农业供应农产品的思维中，因此不能发挥出农业产业的应有优势。

（二）产业融合经营主体不强

首先是能够支撑起一些创新融合模式的经营主体的数量少之又少，很少有经营主体能够实现农业与数字技术的融合，或者农业与园区的融合。其次是这些经营主体的结构相对单一，主要依靠龙头企业，而合作社联合社、产业协会等主体与农民融合的发展模式还在摸索中，很难支撑起农村的产业融合。

（三）各方利益联结机制还不完善

这些年，以订单农业为主的利益联结形式不断发展，但是还不能完全实现风险共担和利益共享，而一些新型的利益联结形式，比如股份制利益联结、产销联动利益联结等，尚未得到很好地普及，就很难聚集起多方的力量整合发力。比如，很多地方都发展农旅融合模式，但是利益分配还比较分散，组织化程度不高，各主体各自为战，就很难获得稳定的收益。

（四）产业融合面临的“三难”问题没有解决

用地难、融资难、人才难，是当下需要解决的三大问题。在农村，集体经营性建设用地并不宽裕，如果想发展庄园、青少年体验式教学场所等项目，用地问题不好解决。资金短缺问题也很突出，融资渠道狭窄，因为农业风险高、回收周期长，很多项目不好融资。产业融合的发展要求复合型的人才，这在农村几乎找不到，而想留住或者吸引人才，没有很高的回报不容易实现（图 7–1）。

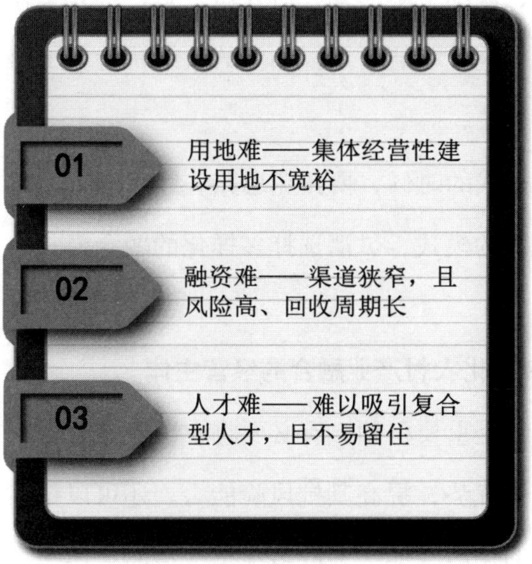

图7-1　产业融合的“三难”

（五）缺乏激励与风险防范机制

本来农业就是高风险的产业，社会资本的参与积极性比较低，如果没有适当的奖励和政策支持，很多项目很难持续得到充足的资金。再加上经营环境的不确定性，市场风险需要农户或企业共担，如果没有完善的风险防范机制，就会导致一系列经济纠纷。

三、促进农村产业融合的五大对策

面对我国农村产业融合的五大不足，我们可以从农村产业发展模式创新、经营主体培育、利益联结机制构建、要素障碍破除以及保障机制的完善五个方面一一破解。

（一）因地制宜创新农村产业融合模式

政府要做好统筹规划，根据当地的优势资源，选好优势主导产业，并且通过政府网站、现场会等形式，对外做好宣传推介工作。对于想要投入产业融合项目的主体，政府要予以相应的政策扶持，出台消费新政，引导未来的产品消费需求。

在选择融合模式的时候，要拓宽思路，在可规划、可行性论证的基础上，不拘泥于现有的模式，灵活选择多样化的融合模式，并根据具体实践不断调整思路。

（二）培育多元化农村产业融合的经营主体

龙头企业已经是重要引领，有必要将农民专业合作联社也发展为新生力量，发挥其规模优势，提高其抗风险能力。还可以把村级集体经济组织发展为产业融合的创新主体，采取多项举措盘活集体财产，同时有助于解决资金不足的问题。另外，产业协会作为重要媒介也应作为一种尝试，将其作为产业融合发展的纽带，确保信息互通、设施互联、优势互补。

（三）构建多样化的产业融合利益联结机制

在原本订单式利益联结机制的基础上，积极开拓股份制联结机制、服务协作利益联结机制、创新农旅融合利益联结机制，增加农户收入途径，提高农民的参与积极性，提高抗风险的能力，保障共享利益的权利。

（四）消除农村产业融合的资源要素障碍，保障土地、资金、人才的供给

根据农村产业融合项目对土地利用的复合型和多样化的要求，采用“土地复合＋规划”的方式，增强土地利用的弹性。政策上对项目进行专项补贴或者发放专项债券，通过培育、引进等措施，增加复合型人才供给。

（五）完善产业融合的保障机制

比如可以启动阶段性评价和奖补机制，对取得阶段性成果的项目和地区给予补助、税收优惠、新增建设用地指标等奖励。通过税收、信贷政策引导经营主体承担社会责任，通过购买农业保险、设立风险管理基金等措施，化解农村产业融合过程中的自然风险和市场风险。

第二节　消费模式向体验式转变

消费模式通常可以有两种：一种是提袋型消费，就是背着包包、拿着袋子去购物，这种消费一般是为了满足物质上的需求。在很多商家的广告中，我们也常常能看到年轻消费者拎着购物袋欢天喜地的样子。另一种消费叫体验型消费，通常是为了满足消费者的精神需求，比如旅游、健身、娱乐、文化等，范围更窄一点，还可以是看电影、玩游戏等。

随着人们生活水平的提高，物质的极大丰富，消费者的精神需求变得更加迫切，体验型的消费必然呈现增长趋势。正是这种消费模式的转变，为乡村旅游模式创新、产业融合提供了适合的发展环境。

一、体验型消费对乡村旅游发展的必要性

我国乡村旅游仅有几十年的发展历史，有很多问题需要解决：一是同质化严重，没有体现本地的风土人情和特色，文化内涵过于单一，山寨现象比较普遍，模仿的结果就是本来的“特色”也失去了特色，没有创新。二是景观流于俗套，失去了自身的底蕴。乡村的特色是乡风，是风土人情，但是很多乡村为了短期利益，盲目跟风，建造了很多城市化的人文景

观，不但没有什么文化内涵，还失去了当地原汁原味的乡土特色。这种发展肯定是不能长久的。三是没有高瞻远瞩的规划，只注重眼前的利益，为了一时的经济效益，大肆接纳游客，结果造成当地自然资源、传统民居建筑等遭到不同程度的破坏，加上没有进行合理的保护和规划，不能持续带动旅游的发展。

究其原因，是当地领导者还没有对乡村发展有一个清晰的认知，没有认识到乡村旅游是一个新兴的产业，需要资金和技术的支持，才能得到长远的发展。也没有认识到乡村旅游是一种服务型产业，要对身在其中的游客提供衣食住行等多方面的美好体验，才能更好地发展，才会吸引更多的客户。更没有意识到，在体验型的消费中，客户才是核心，要以满足游客的需求为宗旨，要有服务意识。

只有游客在体验中获得美好的享受，才愿意继续为之付费。所以，良好的体验对于发展乡村旅游、整合乡村资源有很多好处。一是有利于提升乡村的品牌效应。只有游客获得良好的体验，才愿意与他人分享，口口相传，借助良好的口碑，也能为乡村打造出一个响亮的品牌。二是能够充分利用乡村的闲置资源，让乡村的那些老旧的设施、建筑在新型的体验活动中再次焕发出生命力，不仅有趣而且能创收。三是有利于乡村本土文化的传承与保护。让农民首先接纳、喜爱自己的乡土风情，然后通过旅游产品的形式，服务给更多的游客，不仅保护了本地的特色风光和独特的文化，也让农民在此过程中获得收益，从而投入更多的热情和精力，形成正向循环。

二、体验型消费促使乡村产业融合发展

传统农业中，农产品的销售，因为标准化程度不高面临很多困难（图 7–2）。

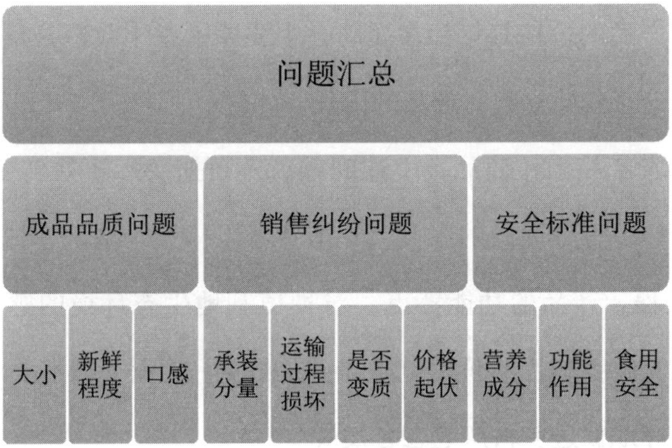

图7–2　农产品销售面临的问题

首先是大小和品质不能保证，比如红薯，挖出来时有大有小，如果按照现在的消费者的需求来卖，大个卖多少钱，小个卖多少钱？消费者的标准不一样，喜好不一样。有可能大的被挑走了，小的就剩下了。但是农民生产出来的红薯，如果因为大小个的问题，剩下就烂在地里了，就是一笔很大的损失。再比如苹果，即便是个头一样大，因为有的向阳，有的背阴，接受的阳光不一样，甜度也有很大差别。所以，这些都导致农产品很难按照标准化的方式销售。

其次是线上的销售纠纷增多。在电商平台的统计数据中，生鲜农产品的纠纷相对较多，除了口感和分量、大小的标准难以统一，在快递过程中也造成商品的磕碰损坏和腐烂变质，这些都是不可控因素。一旦产品因为口碑不好卖不出去，一年的投资和辛苦都打了水漂，费力不讨好。

再次是农产品的品质很难用统一标准来衡量。对于农产品这类生鲜入口的东西，消费者对品质的要求逐渐提高。为了保证产品的营养、功能，有一个很重要的标准就是安全。但是农产品的营养成分、功能作用，以及是否安全，很难用肉眼辨别。即便是用价格来区分，高质高价，也不一定行得通。农产品的价格每年都在变动，主要原因是丰收还是歉收，所以价格也很难让消费者建立起对产品的信任。

如果把农产品当作商品，上述问题就不可避免。不妨转变一下思路，把农产品当作一种体验式的服务，让消费者以体验为基础，把消费者对产品种植的过程，产品的功能特点，对种植基地生态环境的感受等内容串联成一个完整的乡村生活价值链条，并提炼为一种休闲度假的田园生活方式，就能更好地促进乡村产业融合发展。

消费者通过体验，除了能够消费生态产品，还能享受到田园生活。当地政府还可以以产品为中心，发展种植基地，延伸产品的价值链条，用休闲的生活方式为生态产品赋能；可以把线上推广延伸到线下的现场体验或者网络定制，让消费者在体验的基础上建立起对产品的信任；把线下的产品体验和休闲农旅、农产品加工融合在一起，形成合力。这是三产融合的必然趋势。

从卖产品到卖体验，再到卖生活的方式，这是农业农村必须要走的一条道路，也是农业农村的发展机遇。

三、四大要素融合，打造乡村体验新场景

乡村包含生态、生产、生活和文化四大要素，这些要素之间彼此独立

又不可分割，只要我们积极探索，将这些要素拆分、重组、跨界、融合，就能打造出震撼人心的好产品，突破固有思维的局限，开拓出一片新型农业生产业态的新天地。

生态要素指的是乡村宜人的原生态的自然环境，这是乡村最为宝贵的原始资源，包括优美的自然环境、纯净的土地、清新的空气、宜人的气候、丰茂的水草、品种丰富的植被、休养生息的动物等。这些要素构成了乡村生态环境的底色，体现了乡村的自然属性。

生产要素是指农民在生产过程中需要用到的要素，包括农田、林地、生产工具、晒场用地等，是农民从事生产劳动时必备的要素，体现了乡村生产的功能性特征。

生活要素是乡村乡民生活的源泉。乡村是农民世代生活的地方，是孕育了千年农耕文明的地方。随着人们的繁衍生息，乡村形成了一个又一个聚居地。每一个乡村，因为地域的不同、风俗的不同、生活习惯的不同，形成了独有的生活场景。优美原始的村落、古老的建筑、富有特色的集会广场、象征传统生活的器具等，都体现了乡村的人文社会属性，是人类社会经验的体现。

文化要素最能体现乡村的乡风乡俗，是乡村的灵魂。乡村的文化要素包括文化风俗、历史传承、人文关怀等，是乡村的精神支柱。发展乡村旅游，最重要的切入点就是找准乡村的文化，铸造乡村的灵魂，打造有文化底蕴的乡村品牌。

将生态、生产、生活和文化四大要素重新整合，跨界创新，打造出有体验感的乡村旅游形态和产业融合新业态，塑造大旅游、大农业的健康生态，是时代发展赋予乡村的新使命。

第三节　农业供给侧结构性改革全面推行

我国现代农业发展道路是以有效供给为核心，以转变农业发展方式、调整农业产业结构为主线，以提升农业质量、效益和竞争力为方向，以创新驱动和供给侧结构性改革为动力的发展道路；是一条具有区域特色的"产出高效、产品安全、资源节约、环境友好"的发展道路；是实施联合、联盟、联营战略，加快推进农业资源资产整合和产业优化升级，加快建设现代农业的大基地、大企业、大产业，构建现代农业产业体系、生产体系和经营体系的道路。

农业供给侧结构性改革对于农村的发展、农民的增收、农村城镇化以及全面建成小康社会等诸多方面，都有积极的意义。

一、守住三条红线不能碰

要深入推进农业供给侧结构性改革，加强农业全产业链建设，必须严守生态保护红线、永久基本农田、城镇开发边界三条红线不能碰。

首先是必须确立发展绿色农业就是保护生态的观念，加快形成资源利用高效、生态系统稳定、产地环境良好、产品质量安全的农业发展新格局。哪里是农业空间，哪里是生态空间，一定要划好红线。对山水林田湖草的生态保护和修复工程要实施到位，从整体上进行保护，并进行综合治理和系统修复。同时，在全国展开大规模的国土绿化行动，让森林和田园回归本来的作用。对于水生态的修复和污染治理也要跟上，确保水资源的充分利用。无论是耕地、草原还是河湖，都要开展休养生息规划，让生态资源拥有自我修复的能力。

其次是守住永久基本农田红线，全面划定基本农田界限，大力实施农村土地整治，对耕地进行数量、质量和生态三方面的保护。我国的耕地是粮食生产的命根子，农转非或者非农化利用使得耕地日益减少，还有一些地方把良田建了养殖场，甚至搞绿化、建景点，非法占用耕地，占优补劣、占水田补旱田的事情也时有发生。这些行为都导致耕地质量恶化。或许短期内能见到经济效应，但是不利于粮食的安全。所以，即便是农业实施供给侧结构性改革，也要守住基本农田的红线不能碰，要强化长牙齿的耕地保护措施，加强耕地用途管制。

第三是守住城镇开发边界。城镇开发边界就是在一定时期内，在优先划定耕地和永久基本农田、生态保护红线的基础上，可以集中进行城镇开发建设、以服务城镇功能为主的区域边界，涉及城市、建制镇以及各类开发区等，也是防止城镇无序扩张、优化城镇布局和功能结构的空间边界。有了这条界限，就能更好地保护耕地，保障国家的粮食安全。

二、“3+2+2”农业供给侧结构性改革如火如荼

通过体制改革和机制创新，我国农业的供给侧正在理顺政府和市场的关系，通过做到以下三点激活，改造和提升了传统农业的潜力：一是激活

市场，让粮食等重要农产品回归市场，回归正常的价格形成机制，不断完善农业补贴制度。二是激活要素，通过金融创新，把农业生产资源、财政资金、社会资本有机结合起来，通过集体产权制度改革和农村土地改革，把集体、农户及社会经营主体团结起来。三是激活主体，让新型农民回归生产，回归农业，培育一批新型农业经营主体和服务主体，让更多人才回乡创业。

在这个过程中，农业供给侧结构性改革主要集中在两大板块：一是培育壮大新产业和新业态。比如，乡村休闲旅游产业、乡村电子商务、农村现代食品加工业、美丽乡村等产业，都是新型的产业和业态，需要在用地、资金和人才、基础设施等方面给予政策支持。二是加大资金投入力度，整合政府财政资金、金融资本和社会资本，这就要求政府提前规划，从源头进行布局，实行“大专项 + 任务清单”的管理方式。

农业供给侧结构性改革的两大亮点是集体建设用地的盘活和田园综合体的打造。在我们前面提到的保护永久基本农田的红线之内，让那些闲置的农村存量建设用地活起来，利用起来。许多农村都采取了村庄整治、宅基地整理等措施，腾出了很多建设用地，正好可以通过入股、联营等方式，发展乡村休闲旅游产业，发展田园康养和农村三产融合。有的乡村以农民专业合作社为主要载体，发展循环农业、创意农业，将它们与农事体验融为一体，打造成田园综合体，让农民积极参与进来，给予充分的获利渠道，提高农民收益。

以上都是农业综合开发、三产融合的典型示范（图 7–3）。

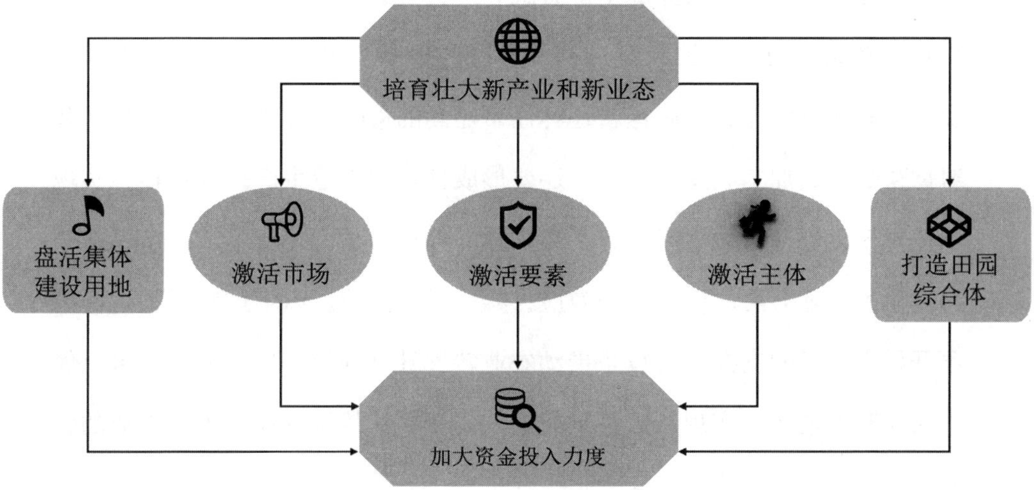

图7–3　“3+2+2”农业供给侧结构性改革

三、把握“调结构、转方式、促改革”三个关键词

农业供给侧结构性改革既要考虑农业的结构性矛盾，也要考虑体制性问题，所以要解决好“调结构、转方式、促改革”三个关键词。

调结构主要从两方面进行：第一是优化农业的产品结构和生产结构。农民种什么、种多少、怎么种，不是自己说了算，而是市场说了算，是国家和国情说了算，是地区的比较优势说了算。所以我国已经形成“粮食生产功能区、重要农产品生产保护区和特色农产品优势区”的基本框架，要在全国范围内进行农业生产力的布局。第二是优化产业结构，促进一二三产业融合发展。在第一产业的基础上，拉长农业产业链条，增加农业的附加值。此外，电商和乡村旅游等新业态也是三产融合的一大趋势。从这两个优化过程就能看出，大农业是必然趋势，大健康是心之所向，大旅游是精神追求，每一项都有机会。

转方式是指转变农业的生产方式和经营方式。把绿色、标准、品牌和科技放在第一位。维护农业可持续发展的根基，保护耕地，治理土壤污染，实施休耕农作，实施退耕还林还草还湖的策略，加强对秸秆的处理和对禽畜粪便的加工利用。同时，还要形成良好的农业生产技术规程，实现农业规模化、标准化生产。有了高质量的粮食产品，才有可能在市场上获得竞争力，才有可能形成品牌效应，赚取品牌溢价。以上这些举措，都离不开科学技术的支撑，科技是推动农业转型升级的第一生产力，还可以促进农业节本增效，实现从数量到质量的转变，从传统农业向现代农业的转变，从单一的种养环节向全产业链转变。

促改革是指管理上的改革，即把农村沉睡的要素资源唤醒，给发展插上新的引擎。比如，农产品价格形成机制改革、集体产权制度改革、承包地三权分置改革、集体经营性建设用地制度改革、农村金融制度改革、返乡人员创业就业制度改革等。其最终目的是激活农村的生产要素，重新整合配置，让资源互相流动，农村的发展才有新动能。

第四节　田园康养模式的兴起

我国已经步入老龄化社会，根据第七次全国人口普查数据，我国60岁以上的老人占全国人口的18.7%，65岁以上的老人占全国人口的13.5%。按照我国人口发展速度，到2050年，我国将有三分之一的老人。养老问题是大家面临的现实问题。正是这一基本国情，决定了未来大健康产业的发展潜力（图 7–4）。

图7–4　田园康养模式大有可为

此外，乡村产业融合发展的背景，使得乡村的休闲度假旅游成为带动乡村经济发展的新引擎，康养和旅游的结合成为未来乡村休闲度假旅游的新方向，将迎来大的发展机会。同时，田园康养的这一潜能，也对实施乡村振兴战略具有重要意义。

一、田园康养的主要受众群

田园康养不仅面向老年人的养老问题，它作为一种时尚健康的旅游度假方式，也适合那些热爱旅游、喜欢文化消费和享受生活，追求相对私密的环境和有一定社交需求的人群。这些受众群消费能力强、对生活质量要求高、停留时间长，其消费潜力远大于普通的旅游者。

（一）中小学生市场

田园对于中小学生来说，是认识大自然、了解新知识的较好的体验场所，田园康养的环境能够为学生提供很好的科普材料，可以寓教于乐，开发出相关的旅游产品，满足求知和娱乐相结合的要求。

（二）上班族市场

在城市上班的人群，长期面临压力大、无处释放情绪的问题，田园生活对这些上班族来讲，是一种短暂的“治愈”，他们在农村休闲生活中，体验农业生产的乐趣，用另一种劳作方式放松紧绷的大脑和心情，从而“满血复活”，休整之后再次回归工作，会有更好的状态。

（三）老人市场

有养老需求的老年人，渴望安静的生活，需要健康的生活方式和优美休闲的环境。田园康养既可以提供这样的环境，还可以为老人们提供体验耕作的条件，让他们保持身心的快乐和收获的喜悦。

（四）运动康复市场

一些运动损伤或者术后需要康复的人群，对康养的环境要求也越来越高。随着健身潮的兴起，我国经常参加体育锻炼的人数将达到 5 亿人，相应地，运动损伤的人群数量也将大幅增加，这么庞大的市场，是医疗服务和康养结合的大好机会。

二、田园康养的主要特征

（一）乡村是发展田园康养的主要载体

乡村有田园，有村庄，有优美的自然景观，这就是广义上的乡村旅游的空间。在田园康养的发展过程中，这三者是有机结合在一起的，田园是主要场所，村庄是周边场所，自然环境则是补充场所，是加分项。优良的田园康养模式应该是将村庄和田园融合成一个整体，而不是单纯地在野外盖一些房屋。要把田园村庄化，把村庄田园化，两者相互融合相互渗透，这才是真正的田园康养。

（二）田园康养有自身独特的文化内涵

乡村有丰富的农耕文化，还有各式各样的民俗文化以及新鲜好玩的乡村生活，这些都可以作为打造乡村康养旅游的资源优势，通过打造丰富的文化旅游产品，让受众沉浸在山水田园的自然怀抱和乡村风情的精神浸润中，体验田园康养的乐趣和情趣。这些文化体验项目，能达到养生养心的目的。以往理解的那种在庭院里种点蔬菜就叫田园康养的概念已经不适用于现在人们的新需求了，需要给旅游项目赋予精神内核。

（三）田园康养的目的是康体养生

健康体魄，休养生息，这是绝大多数游客来乡村休闲旅游的目的之一。为了满足这部分需求，田园康养项目从空间设计、体验定位等方面都要体现康体养生的主题，让用户在体验中回归田园，享受生命的美好，在心灵上获得平静、美好的感觉，达到修身养性的效果，让身体在自然环境的浸润下，得以康复或更加强健。

三、案例：太阳谷·明日小镇康养度假田园综合体

地处攀枝花市米易县的新山傈僳族乡，位于安宁河流域阳光休闲度假旅游带中。“太阳谷·明日小镇”规划总面积约 1357.13 亩（约 90.47 公顷），其中基本农田集中分布于南侧，总共约 567 亩，占比 41.80%。项目区属南亚热带干热河谷气候，干、雨季分明而四季不分明，河谷区全年无冬，秋、春季相连，夏温偏低，冬温偏高。降水集中，多夜雨和雷阵雨，日照充足，太阳辐射强。

据此，开发者以自然田园为基础，以康养旅游为核心，采用构建中央生态绿谷、打造慢行交通网络、建立雨洪管理系统、探寻能源利用模式、塑造文化康养品牌五大发展策略，打造一个集田园康养、休闲度假、亲子娱乐、农业体验、文化体验的攀西旅游区田园度假康养综合体。

太阳谷项目对康养社区、健康管理中心、傈僳风情馆、空中长廊、水上图书馆、阳光果园、浪漫花海、自然课堂户外营地等八大项目进行重点规划和建设，再加上对“看得见青山绿水、聆听到蛙鸣鸟叫、感受到乡情乡愁，三五知己，择邻而居，一亩田园，一户茶水，只闻花香，不争朝夕”的“如诗如画康养地，宜居宜游太阳谷”的形象定位，打造出一个“全域全时全龄”全覆盖的康养度假胜地。

第五节　大力发展乡村旅游业

乡村旅游可以把农业、生态和旅游业结合起来，通过田园景观、农业生产体验、乡村生态环境和农业生态经营模式，吸引游客参观、体验、考察、度假等，是一种体验式的新型旅游方式，是第一产业与生态观光、旅游服务、土特产品加工等二三产业相融合的产业。

一、农业生态旅游是旅游行业新蓝海

在我国，农业生态旅游正迎来发展的黄金期。近几年因为大环境的影

响，让乡村经济有了明显的发展，周边游、近郊游等需求大大增加，带动了乡村民宿、亲子研学、农耕教育、田园康养等旅游项目的大热，这些旅游模式不仅带动了城市周边的经济活力，也是乡村吸引游客、积累人气的关键。

据统计，截至2021年底，我国旅游收入已达1.2万亿元。其中，农村的魅力不容小觑，乡村旅游收入同比增加约1000亿元。另外，实施乡村振兴战略也在聚焦生态旅游业态，从市场寻找需求点和发力点，为有资源和条件的乡村谋求新的发展方向。

因为，生态农业旅游的发展，不仅能够提高农产品的附加值，也能带动周边服务业的发展，将相应的餐饮、民宿、交通、文创产品加工、房地产开发等行业都带动起来，使得经济实现一个正向的循环，达到质的飞跃。

早在19世纪30年代，欧洲就有了农业旅游。意大利在1865年成立了“农业与旅游全国协会”，鼓励城市中的居民到乡下体验野趣。在全球，生态农业旅游还是一个朝阳产业，不仅可以通过旅游吸引人的到来，还能借此机会推销当地特产、招商引资，随之带动整体农民素质的提升，调整优化农业产业结构，农业生态旅游在未来几十年将有一个暴发式增长。

二、乡村旅游业的五大特征

目前的生态农业旅游模式已经发展出传统农业园区型、现代乡村娱乐型和农业科技开发型等三种模式。总体来讲，呈现出以下五大特征：

（一）乡土情怀

现在的乡村旅游，不仅仅是让游客们寄情山水，而是结合了当地的风土人情、文化创意，围绕当地的人文特色展开了一系列的体验活动，这些项目，投资低，可操作性强，有效利用资源。乡村固有的泥泞的小路，伴着袅袅炊烟，一排排有历史感的老屋，还有村头闲聊的老人和溪边玩耍的小孩，本身就是一道人文风景。如果再附加一些乡村的文化风俗，开展一些文化体验或者农事体验活动，就能用很低的成本打造出乡村的独有特色。浓浓的乡土情怀蓬勃而出，召唤的是城市人的心灵平静，也让长期在外打拼的乡人找到年少时的记忆。

（二）自然体验

乡村旅游吸引人的地方就在于美丽的自然风光，人们可以沉浸在大自然中，每天与大自然融为一体，这样的生活原始、淳朴、回归人性本真，是游客们向往的精神归宿，是城市生活压力下的委婉治愈，所以，乡村旅游才那么吸引人，让人有切身体验的冲动。在游玩过程中，游客的参与感和体验感显得尤为重要。

（三）可持续发展

乡村旅游的兴起，带动的是资金、人才、资源等方方面面的流动，同时带动了相关经济的发展，在政策上也符合乡村产业振兴的要求，会得到当地政府的政策支持，所以乡村旅游在一定程度上提高了当地的生产力水平。

乡村旅游把农业生产和自然景观、旅游服务结合在一起，逐渐变成了一种城市人向往的生活方式，这种旅游消费不是一次两次，而是一种每年都要进行的固定节目，自然推动的是乡村的长期发展，是一种长远的，有可持续发展动力的模式，会持续促进乡村经济的增长，给农民带来长远的收益。

（四）多维度的融合

乡村旅游不仅向游客展示了本地的风土人情、文化创意，同时也将外来的文化引入其中，通过城市游客的流动，促进了外来文化和本地生活风俗的相互融合，同时也促进了当地的文化与经济发展、社会、生态等的融合。

乡村旅游还是农业产业和旅游产业的融合，是健康养生和旅游产业的融合，是城市和乡村交流的平台和桥梁，带动的是乡土文化和城市文明的碰撞，乡村生活和城市生活的融合。

（五）各地乡村百花齐放

乡村旅游带给游客的是不同的感受。我国有数目众多的乡村，因为地域的不同、气候的不同、风俗的不同，展现出千姿百态的特点，每一个乡村都是一个独特的存在，是一个品牌的象征，都有自身可挖掘的潜力，可带动实施“一县一特、一镇一业、一村一品”的发展格局（图 7–5）。正是这种多样化的特点，使得我国的乡村旅游更具吸引力和持续性。

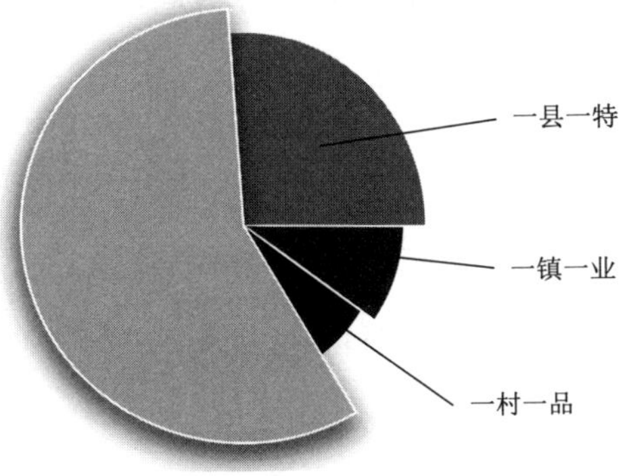

图 7–5　产业发展格局

另外，由于气候的原因，春夏秋冬四季交替的变化，也让乡村有了不一样的风景，每个季节都会有不同的体验项目和观景项目。比如，四月是新疆杏花满枝的季节，冬季则是采摘大棚草莓的最佳时机。每一个季节，带给游客的体验和观感不同，这也让乡村的农产品生产可以摆脱季节的束缚，拓展更多的增值服务项目，获得可持续发展。

三、案例：意大利美食主题公园FICO Eataly World

农业旅游的概念源于意大利，在一些西方国家称之为“Farm Stay”，是农家住宿的意思，就是以真实的农业场景为本体的休闲项目。农业旅游已经成为意大利人的生活方式。

意大利美食主题公园 FICO Eataly World 是世界上最大的农业与美食主题公园。整个公园颠覆传统休闲农业模式，集“吃东西、买菜种菜、亲子农活互动、农业科普、旅游放松”为一体，将“吃、喝、玩、乐”高效结合，是一个集“农场 + 餐饮 + 购物”的主题公园，堪称农业界的“迪士尼”。

FICO Eataly World 位于意大利博洛尼亚，占地 10 万平方米，展示面积约 1 万平方米，内有露天农场、果园、花园、牧场和马厩、40 个食品工厂、45 个餐厅和美食摊位、6 个教室、1 个电影院、1 个可容纳 1000 人的会议中心以及 1 个与 4 个大学合作的基金会等。

该园区旨在发扬意大利特色，就是“吃”！“Eataly”是由英语单词“Eat”和“Italy”结合起来的，翻译为“吃在意大利”。主打“慢食 + 自然”的生活理念，Eataly 以“吃 + 购物 + 学习”相结合的模式，将餐饮、零售、美食体验三个业态结合在一起，构建了一个美食场景化的综合体。

美食农业工厂分为六个板块，FICO 向生活在都市里的人们真实再现食物从田间到餐桌的全过程，把农业生产、农产品加工、食品加工、商超市集、餐饮、教育等融为一体，成为全面展示意大利农业文化、餐饮文化的新载体。

FICO Eataly World 从成立至今，迅速在国际上构建出强大的“美食第一农业旅游项目”的品牌影响力。除了具体的项目、产品和设施之外，FICO 想让主题落地生根，形成覆盖整个农庄的氛围，关键是要形成基于主题的文化。FICO 把 30 个国家以及当地特色农业资源汇聚在一起，然后抓住“吃”这个全人类都感兴趣的话题，构建“吃”的欢乐王国。

在 FICO 中，刻意淡化了生产与消费的边界，生产是体验，购买是体验，吃喝也是体验。就像一个巨大的工厂性卖场，人们在农场里买到的新鲜食材，可以拿到附近的加工点直接进行烹饪就餐，沉浸式的深度体验使人类和食材之间架起了一座沟通的桥梁。

第六节　复合型产业是乡村产业发展的方向

正是在实施乡村振兴战略背景下，在农产品供给侧结构性改革的推动下，在消费模式由传统的提袋式向体验式转变的风潮下，田园康养和以生态农业为主题的乡村旅游业的兴起，打开了大农业、大健康、大旅游的复合型产业的大门，在新时代的舞台上熠熠生辉。复合型产业，是未来农业的大势所趋，是看得见、摸得着、可控制的发展模式。

总体来讲，农村复合型产业有以下几种发展方向。

一、田园、森林、文旅等复合型康养产业

农村先天优越的自然环境，有张有弛的生活节奏，为发展康养产业提供了基础。在实施乡村振兴战略及大健康政策背景下，农村的康养产业正当其时，其中田园康养、森林康养、文旅康养等都有很大的发展空间。

前面提到，田园康养模式，是以田园为生活空间，开展农作、农事、农活等农村的生活内容，以农业生产和农村经济发展为生活目标，回归自然、享受生命、修身养性、度假休闲、健康身体、治疗疾病、颐养天年的一种生活方式。

森林康养产业，是一个社会与生态的复合圈，是一个集经济、文化、

医疗等多领域于一体的社会系统，同时又和自然资源、多样性的生物资源等生态系统相融合，构成了森林生态系统和社会系统的良性发展状态。高聚集性、复合性是森林康养产业的突出特征。

森林康养产业之所以是复合型产业，是因为它的多产业融合性，将中西医、养老、文化、食品等多个产业融合在一起，满足了社会的多样化需求，也保护了环境和生态平衡，对于乡村的产业扶贫和文化教育等都有积极的作用。

另外，将乡村文化、旅游与康养相结合，也是一种很好的探索，城市里退休的老人，在乡村旅居或者养老，能过上一种修身养性的乡村生活，体验乡村的风俗和人文情怀，回归乡野情趣。

无论是哪一类康养产业，都本着可持续发展的初心，既满足当下消费者的精神需求，也为后代人的持续发展考虑。

二、农文旅复合型旅游产业

农文旅是在农业产业发展的基础上，将乡村的文化、风俗、人文景观等与旅游产业相融合，将乡村的农产品生产与农事体验、农业科普教学、乡村娱乐相结合，将农产品的设计加工与当地的文化内涵相结合，将游客的体验活动与当地的风土人情相结合，是一种更有魅力、有灵魂、有内涵的复合型产业，不仅可以支持农文旅产业的高质量、可持续发展，在提升农业效益的同时，还能提升农产品的附加值，促进相关农产品的销售（图7–6）。

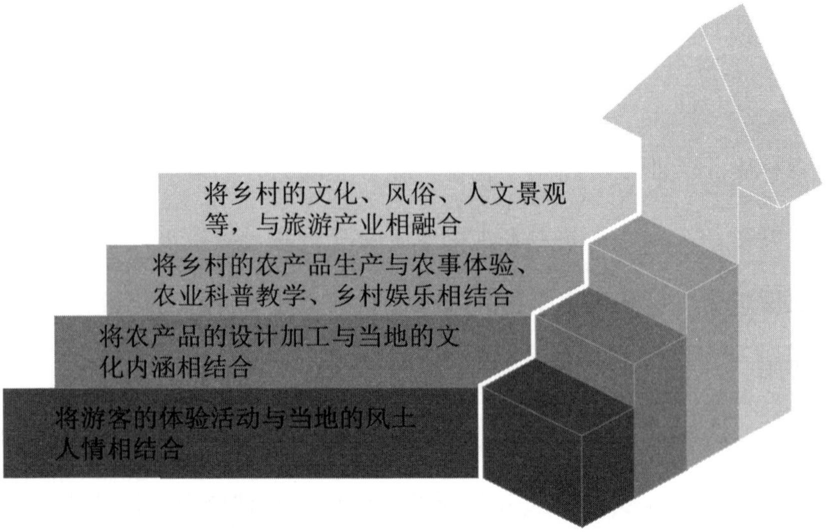

图7-6　农文旅复合型结合

农文旅复合型产业的重点，是对乡村的民俗文化、饮食文化、名人文化、民居文化、红色文化、民俗风情等进行深入挖掘，以文化为切入点，继承和创新乡村原本的乡土文明，对一些古村落，有古建筑、有非物质文化遗产的村落，要给予重点保护，并结合新时代的特点，敢于跨界创新出新的文化项目。比如，利用 VR 等科学技术，让沉睡的非物质文化遗产活起来、动起来，寓教于乐。

农文旅复合型产业对决策者的要求较高。首先是要形成“大旅游”的意识和概念，在顶层设计上把握农文旅的融合本质。其次是要搞清楚农文旅与乡村振兴的逻辑关联和互动机制，积极进行制度创新，形成闭环的融合发展机制，实现多业联动和多元互动。三是要依托农村本身的资源禀赋，抓住市场需求的风向，运用科学技术手段赋能，多产融合，抓重点农文旅项目，让文化铸魂，留住城里人的乡愁。

三、生态特色复合型产业

生态特色复合型农业，一般指农林牧渔的复合生态模式，借助高新技术或者特色资源，利用两种或者两种以上的资源在时空上的互补性，形成的资源产业重新组合的复合生产模式。

生态特色复合型农业是以粮食生产为基准，向经济作物、饲料饲草作物延伸发展的多元结构生产模式。常见的生态特色复合型农业包括："粮食饲料＋养殖＋沼气＋秸秆肥料"生态模式、"林果＋粮食或经济作物"生态模式、"林地或果园＋畜禽"生态模式、"粮田＋渔业"生态模式等。

比如，稻蟹共生生态农业就是典型的"粮田＋渔业"生态模式。以徐州睢宁县魏集镇万亩稻蟹共生基地为例，该镇黄墩湖滞洪区靠近黄河故道，地势低洼，汛期无法排水，素有"洪水走廊"之称。该镇借助黄墩湖滞洪区水源充足、平坦开阔、土壤肥沃的优势，实施黄河故道综合开发工程，"洪水走廊"改头换面，成为助农增收的万亩稻蟹共生基地。

稻蟹共养的生态农业模式中，水稻与螃蟹互利共生，螃蟹以稻田里的浮游生物、害虫为食，减少水稻农药喷洒和螃蟹饲料喂食。螃蟹排泄物作为水稻的肥料，促进水稻生长，绿色无公害。

随着万亩稻蟹共生基地的不断发展，附近的村民也尝到了甜头，基地给村集体也带来了不菲的收益。这种高质量的回报又促使村委会再次扩大基地的规模，使更多农户受益。

第八章

乡村产业振兴的模式

产业振兴是乡村振兴的重要一环，通过产业发展，推动乡村经济发展，已经成为共识。从产业类型来划分，可以分为民宿产业、田园综合体、传统文化复兴和特色电商四种模式。

第一节　民宿产业发展模式

这几年，国内的短途游、乡村游成为人们追捧的休闲方式，乡村民宿也备受关注。民宿经济，不仅可以盘活乡村的文化和旅游资源，拓展农民的增收渠道，还可以作为承接乡村旅游的主要载体，为乡村经济的可持续发展提供动力（图 8–1）。

图8–1　民宿产业

在《中共中央　国务院关于做好 2022 年全面推进乡村振兴重点工作

的意见》中，把“实施乡村休闲旅游提升计划，支持农民直接经营或参与经营的乡村民宿发展”作为乡村发展的重点工作。民宿产业的兴起，正在成为推动乡村振兴的强劲力量。

一、我国民宿产业迅速发展

近年来，随着消费者对旅游产品的个性化、多样化、品质化追求的深入，民宿产业作为乡村旅游的载体，也承担了联结消费者与旅游地之间情感的任务，正在成为乡村文旅产业的新生主力军。

作为旅游住宿产业的重要组成部分，乡村民宿正处在旅游住宿产业的第三个发展阶段。从 20 世纪 80 年代起，我国引进了一批高端的星级酒店，将国际标准的住宿设施引入中国。到了 2005 年前后，我国住宿市场掀起了一股经济型酒店的热潮，一批地理位置便利、性价比高的经济型酒店不断崛起，成为创新住宿业态的典型案例。到了 2015 年前后，因为互联网、自媒体、网络达人的推动，民宿产业迅速扩大，进入高速、规模化发展阶段。

我国民宿产业之所以发展迅速：一是因为我国的文旅产业市场庞大，几乎囊括全国 14 亿人口。中国的国内旅游消费者规模早就超过每年 60 亿人次。这几年因为周边游、乡村游的大热，规模需求更加扩大，带动了乡村民宿的不断发展，迸发出新的动能。二是因为我国多年来的城市化进程，以及社会主义新农村建设，使得很多居民都有两套住宅，乡村的闲置房增多，这也为民宿的发展提供了房屋资源的储备。三是这些年的创业潮、回乡潮，吸引了一大批有志青年回乡创业，相对来讲门槛比较低的文旅行业更加符合他们的期待。这批年轻人更愿意将有个性、品质好的民宿作为发展目标，乡村因此也有了新鲜的人才血液。四是互联网大环境下，平台的发展，自媒体的分享，让乡村的民宿得以在很短时间内打出品牌和口碑，吸引到持续的客源。以上都是我国乡村民宿发展的内生动力（图8–2）。

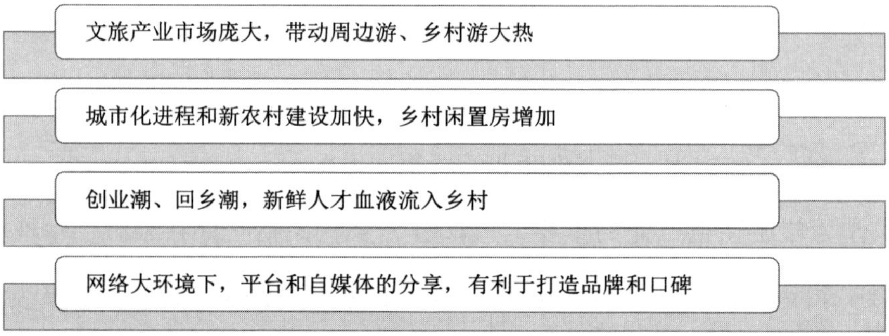

图8–2　民宿产业发展原因

二、民宿运作四大模式

目前，乡村的民宿运作模式，最常见的有四种类型：

（一）出租合作模式

农村农户自己的房屋，先流转到村集体，企业对民宿进行投资时，会与村集体签订合作协议，然后对农户的房屋进行统一的改造和运营。分配收益时，村集体将从企业收上来的管理费用中拿出部分分给村民作为房屋的租金。在这种模式下，农户不需要参与经营活动，企业负责民宿的日常运营，并从中获得收益。

（二）运营合作模式

投资主体是农户自己，农户按照统一的标准，对自家的房屋进行装修和改造之后，再交给企业统一经营。经营所得按照相应的比例分配。这种模式下，农户本身承担的费用较多，比如餐饮、水电、人工等费用都由农户自己承担，当然收益也相应较多。

（三）出租模式

采取整租的方式，由一家企业承包整个村庄，获得民居的使用权，然后对村庄进行整体的规划和包装，打造出具有鲜明特色的品牌，对居民进行统一的培训和管理，然后再进行招商和二次租赁。村民的收益主要来自租金。江西婺源篁岭村就是这种模式。

（四）投资入股模式

由村集体和企业一起成立一家单独的投资运营公司，由公司整体承包村庄的使用权，对村庄进行统一改造，统一运营，所获得的收益由村集体和公司按照比例分成。

从产业的角度来讲，乡村民宿还可以分为四类“民宿 +”的模式。

1. “民宿 + 互联网”模式

互联网对各个产业的影响可想而知，在民宿行业，互联网可以打通乡村本地与其他区域的通路，让游客吃穿住用行形成链接闭环，为游客解决一站式问题。互联网的作用，就是将乡村民宿相关的各个产业连接起来，形成高效的服务模式，为游客节省了金钱和时间。

一个典型的案例就是“小猪短租”，它不仅是一个租房的平台，还搭建了包括摄影、保洁、商城等业务在内的住宿服务生态体系，保证租房的顾客在享受民宿的同时，也能获得便捷的相关服务，补全产业服务链中的缺失环节。

2.“民宿＋养老”模式

顾名思义，“民宿＋养老”就是借着民宿的环境资源和旅游资源，把一部分老年游客常留在民宿，外加一些养老的养生、医疗、康复等资源，同时抓住民宿和养老两大风口。这一模式的目标受众除了老年人，还有城市里注重养生的白领，可以满足他们休闲、养生的需求，把乡村生活当作一种休闲放松的生活方式，持续长久地在民宿消费。

3.“民宿＋网红”模式

很多民宿的火爆，可能源于它本身的某个特别吸引人的特色，特别是能够满足年轻人追求个性、喜欢分享的需求。这类民宿一般设计感强，有一些值得住户炫酷、自拍和晒朋友圈的东西，目标受众大多是年轻人。有时候，能拍出大片效果的装修设计，就可能引来一大波客户。

4.“民宿＋产业 IP”模式

民宿产业虽然发展势头迅猛，但是很多民宿单打独斗的结果是成本居高不下、很难收回成本、客源没有保证等困难局面。为了应对经营的风险，也为了长久地发展和满足消费者对民宿个性化的需求，需要民宿的业主团结起来，形成业态整合和 IP 聚集效应，形成统一的特色产品配套服务，共享客户资源，共同分担风险，合作共赢。

深圳较场尾就是一个典型的案例，这里形成了民宿的群落，有传播文化的，有搞音乐的，有专做小超市的，就像一个“五脏俱全”的小城镇，但是各个民宿和商户都享受较场尾这个 IP 带来的品牌和传播效应，共享游客资源。

三、乡村民宿的未来发展趋势

随着我国乡村民宿进入高速、规模化发展时期，民宿发展也将迎来新的蜕变，以往那种低端、服务跟不上、设施不配套等问题将逐一改善。为了满足消费者对民宿的高品质的追求，乡村民宿的发展也将呈现出高端化、规模化和专业化的趋势。

（一）高端化

以往的民宿，主要以旅游和农家乐为主，同质化严重，品质普遍不高，随着消费的升级，高端民宿将杀出一片蓝海，走品质化的路线，满足更多高消费人群的需求。这些年因为新冠疫情限制出境游，将很多原本去国外的旅游者的目标转向国内，也助推了高端民宿的发展，休闲、体验、沉浸感的“微度假模式”高端民宿颇受欢迎。

（二）规模化

过去的民宿，在竞争还不激烈的情况下，单打独斗，分散式经营，尚有获利的空间。但是随着民宿竞争的加剧，散户经营的方式成本高，收益低，经营逐渐困难。这也倒逼一些民宿经营者团结起来，抱团取暖，整合成一个统一的经济体，形成独特的品牌效应，实行规模化经营、品牌化宣传，成为行业的大趋势。

（三）专业化

专业的人做专业的事。如果说以往的很多民宿是出于经营者的情怀，也为了满足自己玩的需要，现在的民宿则吸引了更多的专业资本和专业人才进入，民宿的经营也更加专业化。这有利于民宿为消费者提供更好的服务，满足市场的需求，转向以消费者为中心。

案例：江苏省宜兴市洑西村龙山特色民宿

龙山特色民宿区位于江苏省宜兴市湖汶镇洑西村。洑西村依托得天独厚的自然风景、浓郁的传统文化和淳朴的乡村民风，不断创新体制机制，调整经营思路，推进转型发展，科学构建现代农业产业体系，奋力开创新农村发展新局面，逐步把龙山自然村发展成远近闻名的特色民宿村。

洑西村依托龙山自然村的区域优势和生态环境，民宿经营规模不断发展壮大，逐步向差异化发展，实现一户一特色，形成了静心小屋、泠家、竹月·原乡、心味原色等不同版本精品民宿的典范。

通过创新管理模式，成立农家乐协会，规范农家乐的经营管理，也为乡村旅游搭建了会员贴心、游客放心的服务平台。积极打造品牌产品，成立大地春农产品专业合作社，采取“公司+基地+农户+市场”的模式，让村民增加了收入，享受到了发展旅游带来的成果。

培育旅游文化。通过在全村开展“星级文明户”“五好家庭”等文明幸福创建评比活动，树立“好村民”的典型，正确引导村民以榜样的力量提高思想文化素质，优化社会风气。

第二节　田园综合体发展模式

田园综合体是指集现代农业、休闲旅游、田园社区为一体的乡村综合发展模式，其目的是通过旅游助力农业发展，促进三产融合，力求达到可持续发展（图 8-3）。

图8-3　田园综合体

2017 年 2 月 5 日，田园综合体作为乡村新兴产业发展的亮点措施被写进中央 1 号文件，文件指出：“支持有条件的乡村建设以农民合作社为主要载体、让农民充分参与和受益，集循环农业、创意农业、农事体验于一体的田园综合体，通过农业综合开发、农村综合改革转移支付等渠道开展试点示范。”可见，田园综合体对于我国的新型城镇化建设以及农业农村现代化的重要意义。

一、田园综合体是解决城乡二元矛盾的主要选择

中国的城乡二元矛盾，一直以来是阻碍中国经济社会现代化发展的主要问题。中国的城市和乡村之间的差距，不仅是物质上的差距，更重要的

是文化方面的差异。

要想解决城乡二元问题，促进城乡一体化，最根本的途径是发展农村经济，而发展乡村产业是振兴农村经济的重点。在乡村社会，什么产业需要发展起来呢？什么产业又可以发展起来呢？摆在我们面前的选择，无非主要有两种：一是现代农业，即农业农村实现现代化。二是旅游业。短期来看，农业的发展带来的增加值还很有限，无法覆盖农业现代化承担的成本。再看旅游业，在庞大的城市消费者面前，旅游业确实增加值更高。发展乡村旅游，确实可以作为乡村经济发展的驱动力，带动乡村经济社会发展，并在一定程度上缩小城乡之间的差距。由此可见，解决城乡二元矛盾的探索如同剥洋葱一样，一层一层剥开后，终于得到了可行的完整路线（图 8–4）。

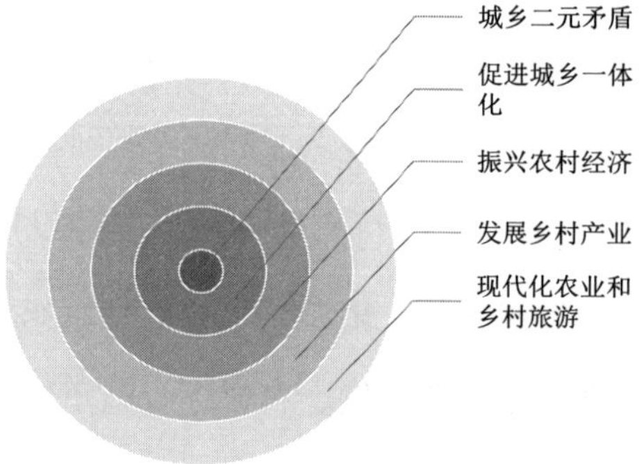

图8–4　解决城乡二元矛盾的路线

在这个过程中，重点考虑如何拉近乡村与城市的文化差异，城乡互动是最直接的办法。让城里人和农民在空间上交织在一起，互相交流互相影响，让文化得以弥合，让农民得以城市化。

但是中国的乡村在现代化过程中，存在人才缺乏、资金不足、组织分散、思想无序等问题，很多乡村的发展竭泽而渔，走向凋敝。如何能够在整体上进行顶层设计规划，有计划、有步骤、有组织地进行发展，是当下最应该重视的问题。所以，怎么样让企业和金融机构参与进来，转变发展思路，让村民和政府联合起来，整体规划、开发和运营，才是最主要的。

田园综合体的规划和开发，就是在这一背景下的自然选择，是对城乡统筹规划体系的有效补充，可以作为新型城镇化发展的有效路径，成为解决城乡二元问题的不二选择。

二、田园综合体的六大建设理念

田园综合体，既有现代农业的产业，也有休闲旅游，有田园的生活方式，还有配套的生活社区，带动城市和乡村文化的交融。这种综合的发展模式，主要基于以下六大建设理念：

（一）抓住乡村旅游的潮流

在当今世界各地，乡村旅游都是涌动的热潮。田园综合体正是这一潮流下的产物。田园的景观，一山、一水、一桥、一树、一屋，诉说着祖辈的故事和人文的情怀。旅游是吸引客源的主要形式，是为城里人提供休闲生活方式的最佳途径。

（二）注重产业融合

田园综合体，综合的是各个产业，将农、林、牧、渔、加工、制造、餐饮、酒店、仓储、保鲜、金融、工商、旅游及房地产等行业融合起来，形成三产融合体，甚至形成复合型产业，形成城乡复合体。这对农民来说是便利的，有了田园综合体，他们不必远走他乡也能有工作的机会，可以通过产业融合，收取房屋租金或者经营收益。

（三）注重文化的熏陶

文化是乡村的灵魂，是一个乡村的精神支柱。田园综合体的发展，依然是本着文化铸魂的原则，将乡村的风土人情、民俗演艺、手工技艺等挖掘出来，让游客能够体验乡村的农耕生活，感受乡村风俗的魅力，让人们在体验当中重新思考生产与消费、城市与乡村的关系，既陶冶性情又自娱自乐。

（四）注重流通的支撑

田园综合体的前提是有基础设施作为支撑，相应的交通、通信等流通设施都要跟上，否则田园综合体就是一个没有交流的孤岛，无法实现与外界的沟通和交流，更谈不上产生消费和获得收益了，它必须是一个开放的经济空间，与更加广阔的地域联结在一起，才能形成物流、人流和信息流，才能有持久的发展。

（五）注重体验的价值

田园综合体不仅仅是一种发展模式，一种经济发展的手段，还是一种生命力的存在，一种生活的态度。在物质产品极大丰富的今天，精神匮乏几乎是不可避免的现象。让人们在田园综合体的体验中，获得对生命的感悟，对哲学的思考，对人生的态度的转变，这是体验的价值，也是田园综合体应该挖掘的内容。

（六）最终为了实现乡村振兴

农业与农村的发展和命运，往往跟国家的发展阶段联系在一起。我国在城镇化和工业化过程当中，一大批年轻劳动力走出乡村，到城市打拼，这也造成了乡村的衰落和社会功能的退化。田园综合体是一个乡村与城市的结合体，是农业与工业的结合体，也是传统农业和现代农业的结合体，其最终目标是复兴乡村的经济和文化，让农民共同富裕，最终实现乡村振兴，实现社会主义现代化。

三、田园综合体的未来发展方向

田园综合体借助的是农村的内部和外部资源，将释放农业、农村、农民三者合力的全部能量，并且把农民获得收益作为发展目标，从而实现“三农”全面发展，是一种新型发展模式。从长远来看，田园综合体具有以下三个发展方向：

（一）高质量

高质量就是田园综合体要达到“产业发展要优越，居住环境要适宜，管理服务要到位，精神文明要领先，人民生活要有水准”这五个方面的要求，体现田园综合体的价值和功能，实现高质量发展。

（二）高标准

首先是实现产业发展的高标准。就是在农业产业的基础上，发展文化旅游产业、商业贸易等新业态，以产业融合的高标准要求，对今后的规划和路线给予指导。在园区的整体建设方面，秉承的是园区化、城乡统筹示范区等新理念。遵循高标准的要求，才能挖掘出乡村里那些真正有条件、有潜力的区域并率先开发，以点带面，引领和带动周边区域共同发展。

（三）高效益

农业是基础，在这个基础上，延长产业链，增加农产品附加值，增加农民的收益，通过“农业 +”的思维，提升整个田园综合体的附加值和收益，这是今后发展田园综合体的动力和保障。

案例 1：无锡田园东方项目

无锡田园东方是内地第一个田园综合体项目。2012 年田园东方项目在"中国水蜜桃之乡"无锡市惠山区阳山镇落地实践，是一个集农业、文旅和居住的复合业态。田园东方旨在打造一个以生态高效农业、农林乐园、园艺中心为主体的农林、旅游、度假、文化、居住综合性园区。

田园东方的设计理念是打造活化乡村、感知田园城乡生活，将生活与休闲相互融合。为原汁原味地呈现江南农村田园风光，项目选址于拾房村旧址，在较好保留原有村落格局的基础上，重新规划设计，又赋予了新的生命活力。

项目分为农业、休闲文旅、田园社区三大板块，主要规划有乡村旅游主力项目集群、田园主题乐园、健康养生建筑群等，是典型的互融开发模式。

农业板块包含四园、四区、一中心。四园是指水蜜桃生产示范园、果品设施栽培示范园、有机农场示范园和蔬果水产种植养殖示范园。

文化板块主要有两部分。第一部分是清境拾房文化市集，主要有主题餐厅、井咖啡、窑烤手擀面、圣甲虫乡村铺子、拾房书院、主题民宿、绿乐园等。第二部分是华德福教育基地，这是起源于德国，有 90 多年历史，注重身体和心灵整体健康和谐发展的教育项目。

居住板块是以美国建筑大师杜安尼"新田园主义空间"为理论依据，将土地、农耕、有机、生态、健康、阳光、收获与都市人生活体验交融在一起。

除了三大板块，园区还有其他产品做支撑，如高尔夫球会、四大酒店、住宅等，是典型的旅游超市模式。

该园区的运营模式是打造生态、生产、生活的“三生”产品功能，通过农业、加工业、服务业的有机结合与关联共生，实现生态农业、休闲旅游、田园居住复合功能。

项目前期通过小尺度配套物业确保持久运营，引入文旅板块顶级资源提升土地价值，采用旅游消费和住房销售同步进行的旅游＋地产综合盈利模式。后期进行配套完善，做到良性循环可持续发展。整个项目采取开放式的运营模式。

案例2：湖南美丽花垣乡村振兴田园综合体一期

该项目占地面积约63公顷，总投资约3000万元，场地自然资源丰富，建筑特色别具一格，对外交通便利，是以紫霞湖农业科技园景区为依托，以山水林田村等乡土景观资源为特色，以促进村庄产业转型、激发村庄内在活力为目标，建成后将成为发挥农业经济引领示范作用的乡村休闲度假基地，是集文旅体验、生态宜居、产业联动三位一体的湘西民居美丽乡村示范点。

项目设计以美丽花垣乡村的山、水、村落、农田资源为景观基底，以“张家界—凤凰”旅游辐射范围为依托，以“花垣文化”为内核，打造“紫霞福地、花垣静乡”。提取花垣“群山、流水、建筑”三要素，紧紧围绕“世外桃源”设计理念，以自然为邻，以宁静相伴，营造“一山一水一世界、一村一湾皆桃源”，将每个村庄塑造成生态自然、修心养性的世外桃源。

美丽花垣乡村在保留现状的基础上，进行景观改造，且村庄内公共空间较小，因此改造区域范围受限，不宜过大，更多是以村内道路、围墙、景观小品、景观组团等形式进行改造建设。

考虑到村庄主题、村民需求、历史记忆、周边环境等因素，广场建设的材料采用当地石材石料，景观小品、构筑物等造型、材料、颜色均与村庄环境、建筑相呼应，增加村民熟悉的构件元素，引起共鸣，承载村民的记忆。

村庄之间至今保留着一条临溪游步道，项目对溪流、步道进行重新设计，融入休闲、游玩、观光等功能，在空间上与游客、村民的心理建立联系。

村庄周边有大面积的农田，项目对田埂进行加固改造，田野中运用大地艺术图案以及景观休闲廊架的点缀，将原本单一的农田，打造成村庄网红拍照打卡点，既保证了村民的农田收益，也可作为宣传名片提高项目影响力。

美丽花垣乡村振兴田园综合体建成后，将作为“张家界—凤凰古城”黄金旅游路线的终点站，进一步完善湘西片区旅游业的发展，实现湘西脱贫致富和乡村振兴。

第三节　传统文化复兴模式

优秀的传统文化对于乡村振兴有着鲜明的价值。文化是乡村的魂，是乡村发展旅游产业的价值内核，可以助推产业兴旺。乡村文化意味着中华民族的根，体现了乡民的乡风和乡愁。乡村的风俗习惯、村规民约等，都自带深厚的优秀文化基因。这些传统文化，引导着人们共建美好生活，利用文化创新产业形式，在乡民中凝聚自信力量。

具体来讲，传统文化复兴产业模式有以下几个方面：

一、文化+旅游

“文化＋旅游”就是将乡村的特色文化和旅游服务市场相结合。我国地大物博，地区间的文化和景观差异巨大，“千里不同风、十里不同俗”就是指乡村的这种差异，不同的乡村，有不同的地域空间文化特色。在我国的很多乡村，依然保留着完整的区域特色文化，以及优越的自然生态环境，这些因素都有助于乡村特色文化旅游的发展，具备明显的优势。“文化＋旅游”的发展模式，也为乡村经济的发展注入了新的活力。

以陕西省礼泉县袁家村为例。袁家村位于西咸（西安—咸阳）半小时经济圈内，村落的位置、布局与环境协调统一，与山水相融。房舍布局是传统的正南正北，方方正正。街巷也横平竖直，排列有序，而且顺势就势，高低错落，整齐有致。弦板腔皮影戏被列入国家级非物质文化遗产。

为了充分利用袁家村的资源，这里建成了农民创业平台，让农民成为经营主体，用股份合作的方式调节收入分配。袁家村通过自主创新打造出特色小镇，自主发展乡村旅游，颠覆了大家对乡村旅游的刻板印象。

袁家村年接待游客600万人次以上，年旅游收入超过10亿元，不仅本村实现发家致富，还带动了周边10余个村的经济发展。用“文化＋旅游”的模式增强了村子的软实力。

二、文化+产品

“文化＋产品”就是将乡村特色文化和产品销售结合在一起。我国乡村的传统民俗文化丰富多彩，民族特色鲜明夺目，这些都为乡村开拓相关的文创产品、民宿美食、传统手工艺产品创造了优越的条件，一系列文创产品争相出炉，逐步担当起乡村经济的发展载体。这些产品不仅受到游客的好评，也使得传统文化得以传承和发扬。

文创，就是将价值产品化。乡村文创产品，则是通过赋予农产品一些本地文化内涵，增加其历史厚重感，让农产品有更多的文化附加值。想要做好乡村文创，必须考虑两个要素：原创性和创新性。将这两种要素落实到实践中，就是通过文化创意，提升现代乡村文化价值，形成一条特色乡村文化产业链（图 8–5）。

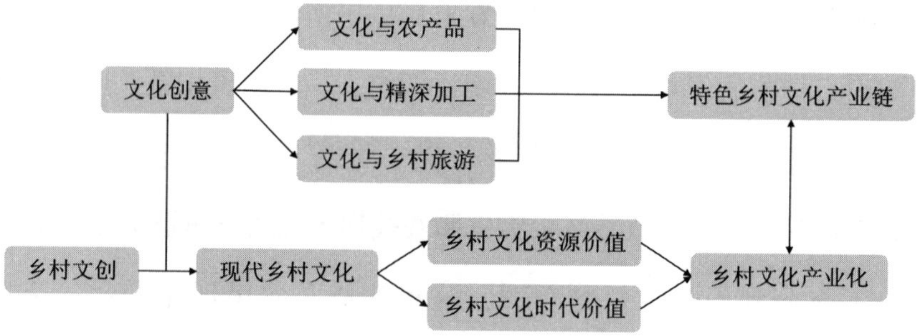

图8–5　乡村文创的实践流程

福建省安溪县湖上乡盛富村的畲家竹编手工艺制品，是当地的特色文化产品。为适应现代年轻人审美喜好和市场需求，该村拓宽产品销路，在当地政府引导下改进竹编产品，在畲族特色文化基础上融入历史元素、现代创意，提高竹编手工制品的质量，让畲族竹编制品实现从无人问津到如今一件产品能创造百元收益的蜕变。

三、文化+信息技术

“文化＋信息技术”就是将乡村的特色文化与当代信息技术相结合的模式。在当代自媒体满天飞的潮流下，在移动互联网技术日新月异的发展趋势下，乡村的特色文化产业的经营业态和模式也在发生着相应改变。最典型的转变就是将传统行业与互联网相结合，借助抖音、快手、拼多多等平台，将乡村的传统民俗文化、民族特色文化、区域特色手工艺品等输出给更多的消费者，并利用平台的特征，创造出很多创新的概念产品、商业模式以及营销手段，改变乡村经济固有的印象。

福建省罗源县以数字福州建设为契机，借助大数据、云计算、虚拟场景等信息技术，展示民族文化、文旅经典、农特产品等乡村特色资源，探索出“线上 VR 展厅＋线下实景＋电商带货”的民族文化数字经济新业态新模式。该平台具备“云展览”“云体验”“云购物”等功能，实现乡村特色文化展示到产品销售的文化转化，推动信息技术赋能乡村振兴。

案例：以皇家文化为核心的小城子村

小城子村位于河北省承德市滦平县，邻近京津，背靠辽蒙，属于京北黄金旅游线辐射带动范围。全村 650 户、2100 余人，组户集中，90% 以上的人口生活在中心村。小城子村规划以汉城历史文化、皇家御道文化、满族文化为特色，以“皇家驿站”和“千年汉城”为主题，打造集田园观光、乡村休闲、乡居度假于一体的乡村旅游示范、宜居宜游新乡村。该村被评为环首都经济圈“精品皇家文化旅游示范点”，承德市“皇家御道文化开发示范点”，滦平县“宜居宜游美丽乡村示范点”。

小城子村的总体规划是抢抓京津冀协同发展重大战略机遇，将“美丽乡村”建设作为助推“三农”工作协调发展的有力抓手，以“皇家驿站、千年汉城”为总体定位，空间布局以线串点，以点带面。“点”为入口广场、村民活动广场、民俗活态博物馆、乡野公园、村委会等；“线”为112国道沿线商业景观带、田园游憩带、民居体验带；“面”为在小城子汉城遗址基础上建起来的整个小城子村庄以及小城子田野公园景区。功能分区为“两带四区”Y形结构。“两带”为交通商业轴、田园游憩景观带，“四区”为入口服务区、商业休闲区、田园观光区、乡居度假区。

小城子村的运作模式如下：

一是民俗活态博物馆。以小城子村历史、村民生产生活、满族风情为主题元素进行博物馆展览设计，以图片配文字解说、实物等多种形式展示，依靠门票等营收。

二是主题民宿。利用小城子村空置民居，分满族、皇家不同风格，打造高中低端民宿、客栈，发展旅游接待，带动百姓就业或销售农特产品，从而实现旅游扶贫和村民致富。满族民宿以满族文化和满族建筑为背景，以满族民俗历史为底蕴，设计出富含满族风情、现代人喜欢的居住环境。

小城子村以皇家文化和皇家建筑为背景融合现代建筑文化，通过中国传统文化符号的糅合，如印章文化的呈现和交流，也通过提炼皇家文化中的精髓来突出“皇家驿站”的舒适感，设计呈现出皇家贵气，给住宿客人以至尊享受。

小城子村坚持乡村振兴的发展理念，融入全域旅游的规划理念，挖掘整合资源，构建“两带、四区、多组团”发展构架，优环境，建景观，育业态，成为滦平县区域性乡村振兴新典范、乡村旅游新亮点。

第四节　特色电商模式

从电商发展伊始，乡村经济和电商就逐渐发生了联系，乡村特色电商经历了从农产品的电商模式发展到乡村电商 3.0 模式的历程，同时，乡村经营主体和电商平台在电商体系中不断进行着角色转化，并从中获益（图 8–6）。

图8–6　电商模式

一、乡村电商的四个发展阶段

（一）农产品的电子商务模式

先在网上售卖土特产和生鲜产品，然后走品牌化路线。这一阶段是信息服务的阶段，是在电商平台上开展农产品贸易，将农产品的生产和市场的需求有效联结在一起，是当时农村经济发展的新思路。

（二）乡村电商 1.0 模式

这时候的乡村市场，已经被很多电商巨头看好，网购的概念已经深入人心，也在乡村生根发芽，这些都为乡村电商的进一步发展打下了坚实的基础。但是在 2013 年的时候，乡村的基础设施还十分落后，支付手段也不成熟，因此电商的发展受到了一定限制。

（三）乡村电商 2.0 模式

到了 2014 年，随着互联网技术的飞速发展以及电商巨头对乡村市场的重视，被称为乡村电商 2.0 的“服务电商”时代正式开启。这一时期，各大巨头在乡村组建了自己的物流配送和服务网络，首先将家电等工业产品放在平台上，售卖到乡村，并且附带维修、退换等服务。这一模式是在原有的产业链条基础上不断延伸，形成了线上线下相结合的多种服务体系。

（四）乡村电商 3.0 模式

随着移动互联网的发展，乡村电商也进入 3.0 模式。这时候，自媒体、社群经济飞速发展，本土化、区域化经济特色突出，有利于乡村电商的模式创新。特别是微信、微博、抖音、快手等一大批社交媒体软件和短视频平台的应用，激发了乡村电商的很多灵感和创新服务。“O2O”模式迅速崛起，电商巨头们也拓展了诸如代客订单、乡村电商人才培养等服务，帮助农民提升业务水平，提升品牌效应。

二、经营主体在特色电商模式下的角色定位

目前我国县级以及乡村的网购人数已经突破9亿，农村淘宝、京东的生鲜到家、抖音的农产品直播等，都抓住了这波红利。随着乡村电商的发展，不同的模式下，经营主体（农民）、各大电商平台其角色定位也发生了微妙的变化。

（一）“人人为买家，人人为卖家”

指的是很多农产品电商入驻电商分销平台，通过分销体系进行农副产品的销售，简单而高效。因为在这个电商分销平台上，可以开通微店，省去进货、发货的流程，只需要在货源市场上挑选相关的农产品，通过代理卖货收获佣金就可以了。

比如，有赞微小店。店家在平台上挑选待售的商品，一键上架，直接开售，店主只需要推广销售产品，自主定价。买家下单后，由供货商直接发货给买家，店主不用考虑货源和配送，只需要关注销售和推广。这种模式下，人人都可以成为农产品的推广大使，在微博、微信、QQ等社交平台推广自己选中的产品，只要开一家网店，就可以帮助农民分销农产品，从中获得佣金。

（二）生产者—电商—消费者模式

指生产者将产品统销给电商平台，电商平台再将产品分类整合卖给消费者。电商平台在这一模式中扮演的角色就如同传统销售模式中的批发商和中间商，以低买高卖的形式赚取产品价差所带来的盈利。

比如京东的农村电商业务，主要分为两个方面：一是在县级城市打造京东服务旗舰店，打通市场营销、物流配送、客户体验和产品展示等环

节，并建立了“京东帮”这一村级服务站，农户可以加盟京东帮，采用销售返点的形式赚取利润。二是京东特色馆，把有地方特色的农产品作为销售的卖点，通过政府合作的方式招商入馆，农民可以直接将产品卖给京东特色馆的商家。

（三）生产者—消费者模式

是指生产者将产品直接通过网络平台卖给消费者的产销对接模式，电商平台在这一模式中并不是低买高卖的中间商，只负责实现产品价值并提供网络技术服务。

比如，微信作为社交电商，以人为中心，基于移动互联网的空间，以社交为纽带，为产品带来流量和支持，让农户和消费者直接对话，进行线上售卖和交流。抖音直播带货更是刷新了农村电商的新认知，激发了更多创新的可能。

三、前景光明但依然困难重重

目前我们可以把乡村电商分为传统的特色农产品电商和基于虚拟社群的特色农产品电商。虽然在当下电商有很好的发展前景，但是，特色农产品的上行困难，依然是摆在农民面前的主要问题。主要体现在以下几个方面：

首先对于传统的乡村特色电商来说，农户在网购平台直接售卖自己的产品，消费者可以越过中间商，越过中间的环节，在很短的时间内享受到价格诱人的产品。这本身是一件好事，但是，这种模式对于乡村的交通运输、物流储存、产品加工等硬件设施都有很高的要求。对于那些村落密集、现代化程度高、交通便捷、有一定加工产业基础的乡村来讲，这种模式的确适合。但是对于西部不发达地区，人口分散、交通不便、加工业不成规模，是很难形成大规模产出和销售的，这种模式就很难行得通。

特别要指出的是，很多农产品都是生鲜产品，对于仓储、运输都有很高的要求。如果储存不当或者运输不及时，消费者收到的可能是坏了的产品或者质量差的产品，很容易引起纠纷。一方面消费者失去了对商家的信任，另一方面农户也对这种模式失去了动力。在用户追求个性化、多样化产品的今天，农产品如果还是以前那个土味十足、质量低劣、包装不好的形象，恐怕没有人愿意买单。

对于基于虚拟社群的特色电商来讲，比如微商和各类短视频平台，因为流量大、传播广、转化快，似乎能实现农产品的高效上行。但是，现实情况是，依然存在信息不对称、道德风险、销售渠道难拓展等一系列困难。

在这种情况下，政府政策的支持，仓储物流设施的建设，人才的培养和引进，资金的投入等，都可以作为促进乡村特色电商发展、振兴乡村经济的必要手段。

案例 1: 辽宁十家子村发展农村电商新业态

辽宁省朝阳市木头城子镇十家子村利用亲情、乡情，吸引大学生返乡创业，以电子商务为突破点，创办新发永业电子商务公司、农民合作社等经济实体，通过“互联网 + 种植基地 + 深加工基地 + 合作社 + 实体店”的模式，推动当地小米、小麦、葵花子、葡萄、苹果等产业高质量发展。

1. 培育产业发展领头雁

十家子村党支部积极号召、扶持大学生返乡创业。2015 年本村大学生王颖响应号召，返乡创立新发永业电子商务公司，注册“村姑进城”品牌，发展葡萄、小米等种植加工，推动当地特色水果和杂粮产业发展。在王颖的影响和村党支部支持帮助下，先后有20多名大学生积极返乡，领办合作社，创办经济实体，积极投身创业富民大潮，成为农村创业创新和助推乡村产业发展的领头雁。

2. 发展农村电商新业态

十家子村搭上互联网快车，探索“线上网店＋线下实体店”的创新模式。公司先后在辽宁朝阳、上海等地开设线下实体体验店，与淘宝等大型平台对接，搭建农产品网上销售渠道，形成了“线下体验、网上下单、云仓发货”的电商平台运营机制，打通了农产品进城入市的销售渠道，建立了农产品从生产源头到终端销售的全新产业链模式，为乡村产业发展插上了互联网的翅膀。

3. 打造乡土特色金招牌

十家子村以“土地流转＋入股”的方式，流转土地近万亩。以农民合作社为核心，通过种苗供给、田间管理和成熟采收一体化跟踪服务，打造高标准农产品生产基地，确保产品的安全。同时，建立清洗、包装、分等分级标准，规范农产品初加工，与沈阳农业大学等大专院校和科研院所合作，开发母婴食品等，拓展农产品深加工种类，培育创立了“村姑进城”“蛮妞”“晶脂”等知名品牌。

4. 助力脱贫攻坚奔小康

十家子村探索“党支部＋合作社＋基地＋电商＋贫困户”的“5+”模式，带动27户贫困户脱贫，500余户农民致富。村党支部将集体收入的三分之一用于帮助农户发展脱贫致富产业。合作社通过土地入股等方式，让农户享受股份分红。纳入高标准农产品生产基地范围的农产品由公司统一收购，再通过电商平台和线下体验店统一销售。同时，农户还可以进入公司就业，让农民真正成为卖农金、收租金、挣薪金、分红金、得财金的“五金”农民。

案例 2: 三瓜公社的特色电商模式

三瓜公社位于安徽省合肥市巢湖市半汤街道，距离合肥 90 千米，自驾车程 1.5 小时左右。总面积 10 平方千米左右，包括半汤街道部分区域以及周边十余个村，计划开发总投资 5 亿元，其中一期重点开发冬瓜民俗村、南瓜电商村以及西瓜美食村。

项目融入“互联网 + 三农”发展理念，构建一二三产业与农旅相结合的“美丽乡村”发展系统，推动三瓜村的全面振兴。在建设过程中保护乡村原有的田林农湖系统，对荒地、山地、林地进行修整保护，修复水系，把乡村田野打造成诗意栖居、宜游宜业的家园。2017 年 7 月，“三瓜公社”被评为安徽省首批特色小镇第一名，2017 年接待游客超过 500 万人次，其中各地考察人员超过 30 万人次。

三瓜公社的产业规划如下：

（1）将南瓜电商村定位为电商村、农特产品大村、互联网示范村，目前已经入驻的电商企业包括自有的“三瓜公社”官方旗舰店、天猫、京东、甲骨文等，还吸引了微创全国联盟、创客空间，以及大量文创基地、乡村酒吧和特产销售门店加盟。已经开发出茶叶、温泉、特色农副产品、乡土文创四大系列千余种特色商品和旅游纪念品，并通过线上线下融合的销售方式获得市场的极大认同，产品销售渠道实现多元化。

（2）建立冬瓜民俗村，主要产业为半汤六千年民俗馆、古巢国遗址、手工作坊群。力图挖掘还原巢湖地区六千年农耕民俗文化，先后建设半汤六千年民俗馆、有巢印象、冬瓜传统手工艺坊，引入客栈、民宿、温泉养生、旅游度假等乡村旅游服务业，打造以体验半汤地方传统农耕民俗文化为特色的村庄。

（3）建立西瓜美食村，主要产业为80户风情民居民宿、60家特色农家乐、10家心动客栈酒店。与经典温泉品牌“汤山”共同组建汤山旅游公司，通过村集体入股和持股，共同开发温泉康养民宿，增加村集体经济收入。

三瓜公社的运作模式如下：

（1）采用“企业＋政府”的开发建设模式。合巢经济开发区管委会与安徽淮商集团共同成立三瓜公社投资发展有限公司，按照“冬瓜民俗村”“西瓜美食村”“南瓜电商村”三大主题定位，对民居进行重新定位设计，构建起“线下实地体验、线上平台销售，企业示范引领、农户全面参与，基地种植、景点示范”的产业发展模式。围绕民俗、文化、旅游、餐饮、休闲等多个领域，综合现代农特产品的生产、开发、线上线下交易、物流等环节，探索出一条信息化时代的“互联网＋三农”之路。

（2）采用特色农产品与电商产业融合的运营模式。以“互联网＋三农”为实施路径，探索一二三产业融合，农旅、商旅、文旅“三旅结合”的休闲农业和美丽乡村建设新模式。大力发展现代农业，通过电子商务打开当地农特产品大市场，吸引年轻人返乡创业，新农人入乡创业，成立农民专业合作社，进行优质特色农产品生产，带动加工，让村民足不出户把产品卖向全国，激活乡村市场，盘活乡村资源，为农业注入新的生命。以电子商务为抓手，依托南瓜电商村，建设线上线下店铺，建立创客中心，吸引年轻人入乡加入到电子商务就业创业平台，通过电子商务，驱动农特产品生产、加工，吸引和保障更多本地村民就业和创业。

三瓜公社强调的是全产业链的协同发展，通过统筹协调各类资源使一二三产业在总体规划中有序发展，良性互促。电商和旅游协同发展是三瓜公社电商特色小镇的独特模式探索：农旅为根，引领电商小镇品牌化建设；商旅蓄力，夯实三瓜公社特色小镇的产业支撑；文旅是魂，传承文化，塑造特色小镇的文化灵魂（图 8-7）。成立了花生、养殖、食用菌、瓜果等多个农民专业合作社，打造绿色生态农产品种植养殖区。由合作社进行农产品的种植、加工、销售，为参与的村民提供技术指导、服务及产品销售等。三瓜公社充分发挥龙头企业的示范引领作用，以合作社为纽带，将农户种养、生产加工和电商销售有机整合，带动周边村民大力发展订单式农业，实现快速致富。围绕农民专业合作社、农产品种植标准化、农产品加工销售等，打造农产品生产标准化基地，引导农民或农产品加工企业按照标准对农产品进行初级加工。

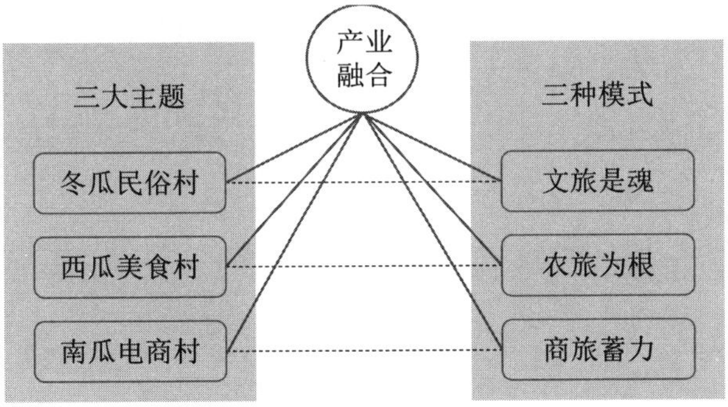

图8-7　三瓜公社的三大主题与三种模式

第九章
以运营思维抓乡村振兴

乡村振兴关系国家的稳定和繁荣，是新时期的重大发展战略。如何把握住历史的机会，响应国家政策，分享时代的红利，需要我们从实地抓起，在实操中积累经验，在实战中找准方向，掌握好、应用好运营思维，才能有效推进乡村振兴。

第一节　乡村运营从规划开始

乡村运营，就是以“村”为单位，把乡村发展、社会进步和农民物质文化水平的提高作为目标，通过要素资源的整合，利用市场经济的手段，把构成村庄空间和村庄功能载体的自然生成资本、人力作用资本和相关延利资本重新组合在一起进行营运，充分利用乡村的存量资源，实现乡村资源的最优配置。这就需要我们对乡村运营有一个清晰明确的规划。

一、规划前的准备

在进行乡村振兴运营规划之前，应该对城乡发展关系、乡村旅游、乡村资源的发展现状，做一个全面详细的现场调查，对相关数据进行收集整理，在此基础上分析总结，这是规划的前提。

城乡发展关系的分析主要包括对空间格局的分析、对产业梯度的分析、对城乡发展机制的分析、对城乡生态空间的分析、对要素流动的分析、对市场流动的分析、对城乡文化的分析七个方面，这是为城乡融合发展提供正确的方向所做的基础性工作。

乡村发展现状分析主要进行详尽的现场调研和访谈。首先要了解乡村区位交通的基本情况，包括地理区位、经济区位、旅游区位、交通区位等；

要了解乡村的产业发展现状，包括产业结构、产业规模、产业聚集程度等；要了解乡村的资源禀赋，包括自然资源和人文资源；也要了解乡村的人口现状，包括人口构成、人口规模、人口流动趋向等。

在对这些基本情况调查的基础上，对乡村的村容村貌、土地利用、水系分布、地形地貌、人文风格、基础设施与公共服务设施、乡村治理、政策体系等因素进行全面的分析和了解。

以上就是在制定规划之前需要进行详细调查和访谈的内容。

二、明确目标和经营对象，建立团队

在制定乡村运营规划之前，我们已经获得了充足的前期资料，现在要明确乡村运营的具体目标。

首先就是要解决历史遗留问题。过去政府已经在乡村，特别是贫困地区的乡村投入了大量的人力物力财力，来解决乡村的经济问题，建设了大量的经营性和公共性的基础设施，为乡村振兴打下了基础。但是，普遍存在的问题是只建设、不经营，造成只有投入没有收益的结果。同时，乡村的基础设施建设同质化严重，没有产业支撑，就自然没有经济活力，农民也不知道该如何发展经营，造成了巨大的浪费。因此，乡村经营规划的首要目标，就是巩固已有的发展成果，在此基础上指导农民发展产业，实现增收。

其次是实现资源变现。乡村有很多沉睡的资源，可以在规划中将这些资源盘活，植入多元产业和业态，将这些资源变成可以购买、可以体验的产品和服务，在提升农民收入的同时，也提升乡村的经济、社会、政治和生态效益。

我们还要搞清楚乡村经营的对象是什么。是经营土地、经营山水，还是经营文化、经营生态或者经营资产、经营空间等。乡村有形的或者无形的资产，都可以拿来经营。比如，农民的住房可以改造成民宿，农民用地可以改造成大地景观，而集体建设用地则可以用来建设农商文旅相结合的新业态等。

有了目标和经营对象，接下来就要组建专业的运营团队，脚踏实地进行操作了。首先在开发村庄的筹备期间，要选择专业的设计和运营团队参与前期的规划和设计工作。专业的人做专业的事，有运营经验的团队则更佳。这个团队不仅要熟悉乡村振兴的相关政策，熟悉乡村运营规划的筹备和实施的基本流程，还要具备洞察市场需求的能力和创新产品、服务的能力。

所以要注意筛选出真正做过整体的乡村落地项目的设计单位，尽早成立筹备小组，而不是盲目崇拜和选择，否则设计出来的乡村旅游产品一定是残次品，如果有致命缺陷，开业不久就得整改甚至关门。

三、建立运营管理体系

在乡村运营实操阶段，首先要明白运营的核心是什么？这是一个系统的问题，对于资金投入、产品业态、规划建设、品牌推广、销售运营等资源的调配，对项目的投融资需求，对编制项目的投资规划和空间落地计划等，都有明确的分析结论和解决方案。

在前期运营当中，要重点解决乡村项目的投资条件、业务配置、运营和资金筹措、盈利项目以及如何建设等问题。在创业初期确定业务组合和盈利项目，最终通过项目的管理和运营，实现可持续的高增长，实现资金投入的盈利和安全退出。

这就要求建立科学的运营管理体系，对乡村的核心产品品牌、项目开发模式等问题进行详细的梳理，并制定出规范化、标准化的运营管理流程，形成可复制、可培训、可模仿的操作规范，对于项目的开发建设能够提供资金、模式、产品等方面的支持，保证项目的落地和各个专业板块的运营推进。

这个运营管理体系还要对项目的进度、资金、质量、成本、业务等进行监督和管控，达到标准化、流程化、精细化，最终促使乡村经济稳定增长，并拥有持续的现金流。

四、案例：新光村廿玖间里的“产业+模式”发展道路

廿玖间里坐落在新光村灵岩古庄园，位于金华市浦江县的西北山区虞宅乡。凭借深厚的文化底蕴和全国首创的青创基地，廿玖间里吸引了大批流量，创造了具有一定规模的消费市场。新光村以乡村振兴示范村创建为契机，以新兴项目为抓手，加大基础设施建设力度，着力打造乡村直播、农产品深加工等新产业、新业态，把产生的效益、劳动力的就业、获得的收入留在农村，促进产业不断发展壮大。新光村“产业＋模式”的道路值得借鉴。

一是文创＋乡村旅游的产业融合发展战略。乡村旅游发展初期，体验与城市环境、文化情境相异的地方特色成为城市游客的主要出行动机，于是“农家乐”便成为主要形式，这也是新光村初期的发展战略。随着各地

乡村旅游的不断演化，以“农”为生的旅游形式与产品已不能满足游客的猎奇心理，必须另谋他路。

2015 年 12 月由陈青松牵头的新光村第一期创客基地在廿玖间里成立，团队以“文创 + 旅游”产业融合作为发展战略，利用修缮后的古建筑作为创客们的文创发展空间。当地政府采用 3 年免租、税收优惠，以及奖励机制为配套政策，吸引、扶持大学生、青年艺术家以及村里的居民成为创客，回归创业。

新光村摈弃了“农”式战略，选择了文化创意产业作为支柱。文创产业既是支持乡村旅游发展的新经济增长点，具有高附加值，又因文创产业的高赋能可吸引高质量的人才加入，繁荣乡土文化、民俗文化和地域文化，以此带动产业的良性循环，形成乡村旅游全新的吸引物（图 9–1）。而当地居民也可参与旅游的周边经营活动，如民宿、餐饮、农产品等从而受益。新光村既有产业融合大战略指导，又有保障机制护航，入驻新光村的创客必须符合创客管理团队所拟定的 16 条进驻标准，以把握店铺的品质，避免同质化竞争、创意低俗、产品粗制滥造等问题，确保入驻的 30 多家店铺各有特色。

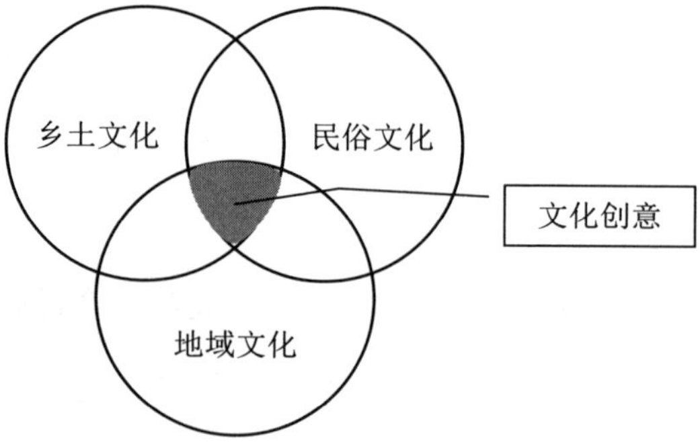

图9–1　文创产业

二是恢复乡村性，重构乡旅精神文化内涵。乡村旅游的发展中，乡村性日益退化，应回归其本质。但本质是什么？是为了满足游客对于乡愁的需求，而一味牺牲当地居民的生存权益？这与现代社会经济快速增长的趋势显然格格不入，每个人都有追求幸福生活的权利。

对“乡村性的重现、恢复”与“精神文化内涵的重构”似乎是一组不可调和的矛盾，如何平衡乡村性保护与现代化开发？新光村对于老宅的修复采用了修旧如旧的方式，外表不改其观，内部改善居住设施，既使居民的生活条件不与时代脱节，又能使游客观赏到原真的建筑与历史风貌。

新光村在恢复乡村性的基础上，重构了乡村旅游的精神文化内涵——文化交互。创客产业在村里的延伸不只是创意产品，这些年轻人充满个性、时尚、潮酷的生活态度与传统生活方式形成了鲜明的对比，正是精神文化上的巨大落差形成了乡村旅游的内在吸引力。如：原真的古建筑、优质的生态环境、实体创意店铺与产品，以及无形、动态、鲜活的个性化生活态度与方式，两种表现形式互为交互，互为对照。

三是构建非商业化的商业旅游场景。游客选择乡村旅游的动机虽多元化，但不可否认，体验不一样的环境与生活是游客的最终目标。这些游客大都来自城市，快速的生活节奏、巨大的生活压力、残酷的商业竞争、疏远的人际关系等，驱使他们产生在闲暇时想找到一片宁静之地放松自我的旅游动机，在那里有久违的温馨、淳朴的笑容、亲切的问候、可口且无污染的美食。

新光村从游客的视角预设了非商业化——“家”的旅游情境，游客们一旦进入此种情境，便下意识地放下包袱，摘下面具，放慢脚步，享受村民的淳朴、简单、友善，回归朴实的人际关系。新光村的店铺琳琅满目，绝大部分的店铺里没有掌柜，游客在店铺里可享受零压力的自助服务，他们在“信任文化”的情境中自行挑选商品，选中后直接支付现金，或是扫码支付，简单自由。这种消费方式让游客们纷至沓来，也成为新光村特有的消费模式。

四是密集、多元化的旅游活动。新光村的旅游活动主要分为两大类：夜间常驻活动和节事活动。村里的常驻活动为独立歌手驻唱以及浦江县的特色戏曲——浦江乱弹，活动时间表公布于村委会大厅，为当地村民及游客提供演唱信息，提升参与率及体验度。新光村常驻活动的特点是弱化了台上的表演及台下的欣赏区城的区隔，弱化表演者与欣赏者的边界，既有专业歌手及戏曲表演者的常规表演，游客也被鼓励上台参与即兴的现场表演，这种弱化舞台边界的表演方式提高了游客的现场参与度。

除了夜间常驻的旅游活动，新光村的节事活动非常密集，内容趋于多元化，如赏花、音乐大赛、正月民俗活动、创客纪念日、创客相亲大会，海外游客的中国文化体验（如书法、篆刻、麦秆画创作等），以及汉服表演，亲子活动等。密集的活动成了村里旅游营销的主要手段，增加了线下的流量。游客的从众心理为新光村制造了旅游热度，游客一旦踏入新光村，就有机会接触、体验村里的特色产品和服务。

第二节　乡村运营的战略与路径

乡村运营的价值不可估量。在过去很长一段时间内，乡村只是作为农产品生产、农民居住和生活的空间，仅提供生产和生活价值。但是随着时代的发展，乡村的多元价值有待发掘，比如生态价值、景观价值、文化价值、教育价值、民宿价值等。只有通过运营，充分发掘这些价值，才能让乡村的资源变现，让农民富裕起来。

一、乡村经营战略初探

首先要坚持八大原则：第一是坚持党建引领振兴原则；第二是坚持城乡融合发展原则；第三是坚持土地属性不变原则，即耕地红线原则；第四是坚持农民长期增收原则；第五是坚持市场引导产业原则；第六是坚持生态稳定优化原则；第七是坚持进出强度递增原则，即单位面积投入产出递增；第八是坚持因地制宜突出特色原则。

其次要推进八大转变：第一是变废地为宝地，变荒山为金山；第二是变封闭为开放；第三是变资源为资本；第四是变村庄为景区；第五是变农房为客房；第六是变人力为人才；第七是变手机为农具；第八是变农民为股民。核心是资源变资产、资产变资本，让资本在流动中增值。

最后是触发八大效应：第一是让产业产生裂变增值效应；第二是让资本产生磁场吸引效应；第三是让人才起到灯塔引导效应；第四是让媒体、明星产生爆发效应；第五是让先行城市产生都市牵动效应；第六是让乡土人才产生能人带动效应；第七是让农耕文明和传统文化产生文化塑造效应；第八是让实施结果产生迭代修复效应。

在探索乡村运营战略的同时，我们还要从更高的纬度科学看待乡村的独特性和唯一性，用科学的资源观、市场观和社会观，去看待我们所在的乡村，做到真正意义上建设中国的特色乡村。

科学的资源观就是要充分了解乡村的地貌风光，从地质学、天文学、美学、人类学、经济学等不同维度，定义乡村的独特性，从而产生创新的动力。还要了解乡村的文化生活习俗，比如乡村的建筑风格、工匠手艺、地方歌谣等，描绘乡村的风情。

科学的市场观就是坚持“一村一品”的理念，把乡村建设成从种植、养殖、生产、加工、品牌、销售的一条龙服务，形成长效的生产机制、文化机制、品牌机制和市场供应链机制。还要坚持“一村一景”的理念，建设美丽乡村，让乡村的自然景观和生态资源充分发挥优势，打造文旅一体的乡村运营模式。从策略上就要坚持“一村一策”的原则，不同的乡村根据情况不同，拟定不同的发展策略，做到因地制宜，切实可行。

科学的社会观是指充分调动乡村的社会力量，将村庄组织比如村支部、村委会等骨干力量调动起来，积极作为。将乡村企业的主观能动性调动起来，带领村民参与到企业集群中来，由原先的自主经营模式向品牌化、规模化方向发展。将乡村乡贤力量发挥出来，使其成为精神、文化、科技、经济等领域的典范，起到引领示范的作用。更要将乡村群众发动起来，提高他们的收益，提升他们的技能和观念，将农民由身份性向职业性转变，让他们做乡村的主人。

二、乡村运营路径

乡村运营一直是乡村振兴的难点和痛点，是实操过程中遇到的最大现实问题。如何探索出一条可行的路线，如何做实乡村运营机制的创新试点，如何把建设乡村转向运营乡村，需要我们找出一条运营新路径，核心就是资源变资产、资金变股金、农民变股东。

资源变资产，主要是指将农户合法取得的集体土地、林地、草地、水域、没人住的房子以及设备等自然资源的使用权，按照政府的政策规定，入股到新型经营主体，而农户获得相应的股权，这样做的目的，可以让一成不变的“死资产”，变成灵活运用的“活资产”。

资金变股金，是将农户自有资金、扶持类财政资金以及投入发展生产的资金变成股金（注意不包含政府为农户提供的社保资金、救灾资金、财政直补资金以及应急用的资金），这样可以将资金集中投入到其他经营主体，而农户可以根据持有的股金获得收益。

农民变股东，是农户自愿将集体土地的使用权、林木的所有权以及合法获得的承包经营权，通过协商或者专业评估后，以入股的形式加入经营主体，成为股东。当然，如果农户有大型的农机具、资金以及其他无形的资产，也可以投入到经营主体，但获得的股份应以实际评估价值为准。

农户通过以上三变，可以享受入股分红收益，增强对乡村建设的积极性，以主人的身份参与到乡村振兴中来，成为乡村振兴的一股重要力量。

在三变过程中，如何将资产变成最后的收入，还需要经过一系列的转化才能实现。每个乡村的资源禀赋、区位条件、文化习俗、历史传统等等都不一样，因此，转化的路径也需要切合自身的实际，进行多元化的操作。

首先，从乡村的形态角度来讲，生态资源丰富的，可以走生态康养的路径；有本地特色产业的，可以走特色产业的路径；有很好的旅游资源和基础设施的，可以走农旅融合的路径；有一定商业和产业基础的，可以走农商融合的路径；有客源基础和农舍资源的，可以走民俗风情的路径。

其次，从主体的类型角度来讲，可以采取以村集体、合作社为主的路径，也可以采取村集体与社会资本联合经营的路径，还可以采取以社会资本为主的经营路径。

总之，如果我们按照以上的路径进行乡村运营，最好的结果就是能够让原来的乡村实现一些转变。比如，由原来的田园式的乡村，转变为公园式的乡村；由原来的种养型的乡村，转变为农商文旅型的乡村；由原来的农房为主的乡村，转变为以民宿为主的乡村；由原来的普通的乡村转变为有品牌、有 IP 的乡村。如果能实现这些转变，说明我们的实操是有效果的，是有意义的，我们的路径方向是对的。

三、案例：临安模式

自 2017 年 4 月开始，浙江省杭州市临安区创造性地提出“村落景区”的概念，编制了《村落景区临安标准》，并开始招募乡村运营师。随后临安乡村迎来了翻天覆地的“蝶变”，昔日的冷清村落变成了今日的诗意景区。

（一）临安乡村运营的模式：角色分配

政府部门是“跑龙套”：改变过去“大包大揽”的做法，改为承担引导和规范职能。乡村运营商是主角：承担参与村落景区发展规划、项目投资、招商引资、产品开发、旅游营销、日常运营、综合管理等职能，并扮演“第二村委会”角色，参与村庄发展议事会议。投资商是配角：按照村落景区主题和风格开展项目投资，只对自己投资的项目负责。村委会是股东：代表村集体与运营商签订合同，以集体资产入股。村委会在运营工作业务上不干涉、不参与经营管理，主要协助并保障运营商在村落顺利开展运营工作。村民是主人：作为农民可出售农产品获益，作为投资者可投身乡村民宿、伴手礼、采摘园等获益，作为劳动者可在家门口就业。专家是“师爷”：定期对运营商进行指导和交流，为运营商提出对策建议（图9–2）。

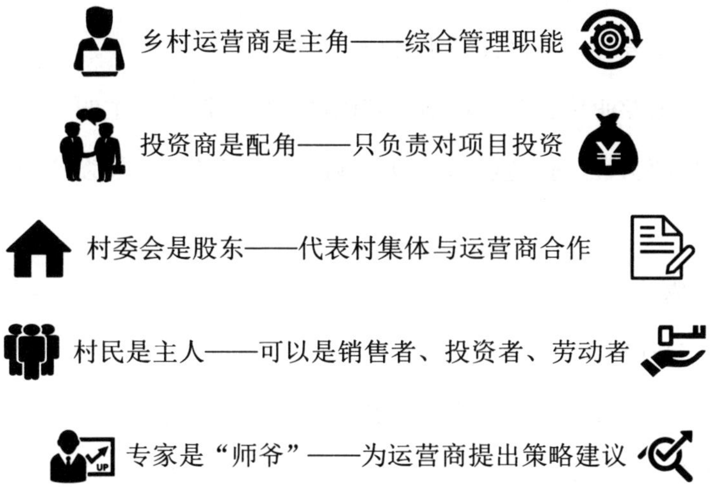

图9–2　乡村运营的角色分配

（二）临安乡村运营的主要做法

首先是委托专业机构进行资源调查，建立招商项目库，帮助运营商了解村庄的“家底”和特色。其次是招引运营商，实行双向选择，择优引入。重点考察四方面的能力：一是策划和文创；二是集聚资源；三是市场运作；四是乡村情怀和工匠精神。最后是组建运营公司，注重村民利益。

流程：村民大会同意——村委会与运营商达成合作意向——专家组审核——运营商与村民共同组建运营公司。

亮点：

（1）村委会不出资但占股；运营团队有人员常态化驻村工作，如运营工作无实质性进展，双方可协商解除协议，运营商退出运营。

（2）建立运营工作推进机制。定期召开例会、沙龙会；实行专家问诊制度；组建村落景区营销中心，“抱团作战”式对外宣传营销；做好采访报道及利用公众号宣传造势；根据绩效考核，发放资金补助。

（3）集群式推进，形成全域面上产品；运营村之间结成联盟；奖励后置，实行年度考核，考核合格才奖励。

（4）实施专业化运营。包括组建团队、资源调查、主题定位、营造景观小品、招商引资、打造业态、包装线路、市场营销、加强社会合作和管理等。

（三）成效

1. 业态与产业

盘活利用闲置资源，完成向旅游文创产品的转变。衍生出民宿、木艺坊、雕塑馆、美术馆、玫瑰庄园、四季果园、天河酒坊等一系列乡村旅游新业态新产品。

运营商进入仅 3 个月，原来几乎没有旅游业态的青南村迎来第一家自然主题餐厅。

月亮工坊系列民宿，拥有宽敞庭院，内含泳池，共计有 4 栋 20 间房，任何一个角度都能看见青山蓝天，完美融入天目山自然风景区。

天目 · 留岩民宿，源于村集体闲置用房改造，依山而建，青翠缭绕，是一个集会议、居住、餐饮、休闲为一体的综合民宿度假空间。

天目美术馆，用村内一处保留完整的宋代天目窑遗址改建而成，可供游客参观体验茶器制作、烧制的过程，让游客更多地了解天目窑文化，体验文化赏玩的乐趣。

乾隆月巷步行街，沿线有高端民宿2家，还有香月包子铺，金月亮土菜馆，是天目月乡村落景区的宴客厅。

2. 乡村文化保护与传承

通过充分挖掘本地历史和传统文化，打造一批乡村旅游体验产品，使传统文化得以保护和发展。

临安杨溪村忠孝学堂，体验忠孝课堂，跟着老先生朗诵弟子规，学习忠孝礼义。

3. 公共与众创空间的营造

利用好祠堂、广场等公共空间，植入富有乡土特色的标志物、设施和活动，令参与者在活动的同时逐渐产生对空间或场景上的依恋感。

（四）借鉴意义

1. 坚持市场化运营

运营商作为独立的市场主体，按照自身的一套盈利模式和运作体系，负责村落景区的旅游运营。村委会虽然占股份，但不干涉运营公司的日常经营活动，企业接受政府考核，但不做政府的“施工队”。

2. 运营前置，奖励后置

运营介入在政府投资基础配套设施之前；实行年度考核，考核合格才实施奖励。

3. 专业化运作

运营商负责市场化运营；政府负责规范引导；专家负责审核和提供建议；投资商只对自己项目负责；村委会负责提供设施，分工助力；借助抖音等平台宣传营销。

4. 保障村民利益

村民作为股东，入股不出资，同时享受运营所带来的附加效益。农民的闲置房被租用，房租每年水涨船高；农民参与旅游经营，或开民宿或开商店创收；不会经营的村民发挥特长，为民宿供应农家食材、民俗用品和当地特产。

（该案例引自：浙江旅游科学研究院，2022 年 5 月 16 日）

第三节　乡村运营新模式

前期筹备工作就绪，运营规划和运营战略、路径明确后，具体需要用到哪种模式，或者探索出哪种模式适合乡村本身，并不容易。这也是很多乡村前期轰轰烈烈搞环境改造，后期却不知如何经营，没办法持续下去的原因。

一、乡村运营模式怎么做

从实操的角度来看，乡村运营可以参考以下几种模式：

（一）打造乡建平台

乡建平台就是由政府、国企、社会资本、村集体、运营商、策划设计以及相关专家智库等多方力量共同合作组成的乡建平台公司。因为其强大的主体背景，这个平台公司能够为农民提供多方面的价值。

首先是可以形成巨大的凝聚力。因为这个平台是政府或者国企投入的人力物力财力建成的，在政策上会有所倾斜，也会借着实施乡村振兴战略的机遇，将优惠政策和相关的资金、人才、技术做好统筹和引导。有了政府和国企的指导和依靠，就有了持续经营的保障。另外，村集体入股平台公司，有利于政策资金和乡村资源的整合配置，这对社会资本来说，具有很大的吸引力。

其次是政府的参与形成了强有力的保护屏障。对于村集体和社会资本之间的关系，可以由政府从中协调和保证，一方面使得社会资本不再具有投机性，另一方面村集体更加遵守契约精神。这样，多方的资本汇聚在一起，和资源进行有效整合，可以发挥资本的杠杆作用。

最后是在平台思维的作用下，乡村经济更容易发展壮大，通过与地方政府、外部企业建立良好的合作，打造一个乡村生命共同体，互惠共赢。在这种情况下，每一个乡村都是一个创业和发展的平台，在这些平台上，既可以吸引源源不断的资金，也可以将各方利益主体捆绑起来，利益共享，风险共担，形成合力。

（二）达成村企合作

就是村集体和企业进行股份合作，双方达成契约，共同商定出资的份额和收益的分成比例。

在这个合作平台中，企业的角色首先是一个专业的运营公司，有能力对乡村运营进行顶层设计和规划，并且能够协调一切对乡村发展有利的外部资源，能够对接客户，具有持续造血功能。企业的参与还有利于留住原住民，给他们展示更多的创业可能性，并给予创业的指导和资源的配置。

对于乡村运营中的市场营销、培训、招商、品牌宣传等环节，企业能提供更加专业的服务。

村集体的角色主要是协调好村民和企业之间的利益关系，并且和企业配合好，联合起来一起搞运营，把运营权和主动权掌握在自己手中，保障农民的合法权益。

当企业、村集体和农民一起联合起来，搭建起三者联合共生的模式，那么农民和村集体就成为乡村经济发展的稳定主体，企业也因为自身的资金资源、专业程度而被认可，三者共同发力，壮大乡村经济。

（三）打造乡村 IP

当我们找到了发展的模式和定位后，能为乡村带来经济效益的，必然是流量和眼球。获得流量的办法，或者说吸引眼球的办法，短期来看可能需要一些新奇特的元素，但是长远来看，需要打造独具特色的乡村 IP，让每一个乡村成为一个独立存在、独一无二的品牌，才能持续产生收益。

打造乡村 IP，需要专业的团队进行 IP 的策划，挖掘出乡村的核心优势，从中提炼出可以宣传、能够吸引流量的 IP 元素，其中包括乡村的历史、文化、建筑、景观、风俗等，从这些元素中挖掘出 IP 的内涵，并对其进行包装和宣传、活动推广，利用互联网的特点进行分享传播。

IP 运营的一个重要内容是开放 IP 版权使用，不仅是本村的经营企业可以使用，本村的村民也可以使用。企业的产品、农民的服务都可以通过统一的 IP 传播和销售出去。这样既可以广泛宣传乡村的 IP，还可以提升企业产品和农民服务的知名度和可信度，应用范围更广，收益更大。当然前提是得有组织，对乡村 IP 的使用进行监管，不能滥用。当村民们都在使用 IP 的时候，就意味着这个形象已经成为整个乡村的形象，可以借此扩大乡村知名度，也有助于吸引更多的消费者。

（四）吸引多维度的人才

乡村振兴、乡村运营，归根结底，是人才的经营，只有专业的训练有素的人才，才能为乡村建设输送源源不断的血液，成为乡村发展的内在动力。

人才不是凭空而来的，首先要进行人才培训，培育乡村干部发展产业的思维，让他们用开放的态度欢迎外来的企业和商家。其次要呼唤更多的年轻人回到乡村，培育他们成为乡村的经理人。这些年轻人有活力，有学习能力，有知识，是乡村经济发展的优秀接班人。此外，还要依托本地的乡民，对他们进行专业技能、服务技能等方面的培训，给他们灌输服务意识和品牌意识，让他们懂得经营，懂得留住客户，积攒口碑（图 9–3）。

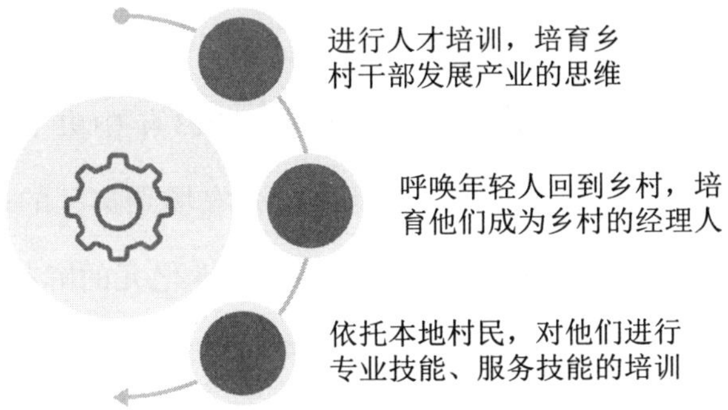

图9–3　多维度吸引人才

当发展遇到困难时，要及时输入新鲜血液，对外寻找专业人士的帮助，寻找专家智库的智慧，对乡村运营，抱着开放的心态，接受新鲜的运营思路，开发新的资源，寻找更多机会，创造更多可能。

二、案例：鲁家村乡村旅游模式四大亮点

（一）从资源入手

鲁家村有许多宅基地、集体建设用地、闲置土地、山林等资源，通过土地流转，将土地资源变为资本，吸引更多外来的工商资金进入乡村。

（二）从规划突破

如何让美丽乡村转变为美丽经济？需要用活村内的旧屋、河道、果林、菜园等原有资源，而不是城市化地照搬照抄。

鲁家村花300万元请设计公司对整个村子进行村庄环境规划、产业规划和旅游规划。按照村庄原有的脉络进行梳理，策划新产业，引进新思想，让更多年轻人回到村庄，将规划与运营有机结合，让美丽乡村产生美丽经济。同时创新产业规划设计，打造合理的乡村空间格局、产业结构、生产方式和生活方式，促进乡村人与自然和谐共生，让更多人爱上乡村。

（三）从产业创新

美丽乡村的建设发展离不开产业的支撑。2013年中央1号文件提出“家庭农场”的概念，于是鲁家村提出打造家庭农场聚集区的理念，在全村范围内建设了18家差异化农场，其中包括投入6亿元的鲜花农场。

一二三产业融合发展也被重点关注，鲁家村着重打造属于自己的农业高新产业园区。发展创意农业，把田园变乐园，把村庄变景区，大幅提高土地的附加值，进而增加收益。

为了让生产劳动更具乐趣、让加工过程更具体验性，提升产品价值，鲁家村还开发伴手礼等土特产品，扩大知名度，形成收益的互补。

（四）以市场为导向

鲁家村坚持以市场为主导，以企业为主体的原则，走市场化道路，成立经营公司专注景区的管理和宣传营销。通过市场化的机制，让农场开发出不同类型、不同层次、不同规模的乡村旅游产品，让各个农场内的休闲项目通过有机组合形成若干条旅游线路。

旅游休闲项目融合乡村观光、游乐、休闲、运动、体验、度假、会议、养老、居住等多种功能，还打造特有的“田园综合休闲旅游”，如开设垂钓、果蔬采摘、农事体验等项目。

在具体开发中，鲁家村还根据各景区具体情况注重打造其中某一项或几项功能，形成各具特色的旅游项目，从而带动整个区域的发展。

第十章
农产品区域公用品牌实体化运营

既然农业作为乡村振兴产业的基础，那么农产品区域公用品牌就是乡村振兴的一个重要抓手。作为农产品品牌的一种重要类型，农产品区域公用品牌指的是特定区域内相关机构、企业、农户等所共有的，在生产地域范围、品种品质管理、品牌使用许可、品牌营销与传播等方面具有共同诉求与行动，以联合提供区域内外消费者的评价，使区域产品与区域形象共同发展的农产品品牌。农产品区域公用品牌建设已经形成一股浪潮，方兴未艾，如何从逐渐激烈的竞争中脱颖而出，是品牌建设者面临的重要问题。我们可以通过实体化运营的模式创新、体制创新和机制创新等手段，来尝试解决这一痛点。

第一节　实体化运营模式创新

品牌强农，是我国全面实施乡村振兴战略中确定的明确方向，品牌农业将在未来的农业农村经济高质量发展中扮演十分重要的角色。但是在打造农业品牌的过程中，普遍会出现战略问题，把握不住“根与魂”，就没办法长久持续。

还有很多农业品牌还停留在种养思维、产品思维和广告设计思维上，品牌失去内核，就失去了独特的品牌价值，无法和消费者形成长久的关联。其实，作为农业品牌，和工业品牌最大的区别就在于产品在产地、文化、品种和品质之间的差异，这是决定农产品品牌成败的关键因素（图 10-1）。

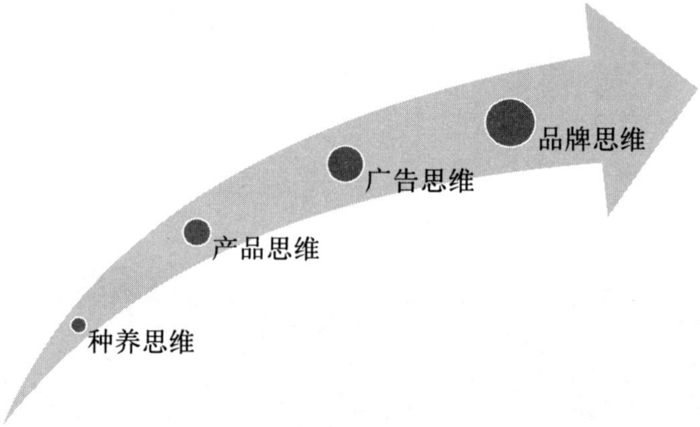

图10-1　农业品牌思维推进

在打造品牌的过程中，要注重运营模式的创新，突破传统的思维，帮助品牌形成差异化竞争优势。

放眼当今世界，可供借鉴的打造区域公用品牌的运营模式有三种：第一种是以美国为代表的“品牌联盟 + 协会”模式；第二种是以法国为代表的“原产地保护制度”模式；第三种是以日本为代表的“农业协同组合”模式。

这三种模式各有特色，但是因为我国和上述三个国家在环境、政策和发展阶段上都有差别，各主体组织职能和定位也不相同，所以需要政府的主导和推动。以政府为主导，是我国打造农产品区域公用品牌的独有特色。

明确一个主导产业、构建一个主体企业、塑造一个主打品牌，可以称之为农产品区域公用品牌建设的“三一模式”。

一、明确一个主导产业

对于很多地方来讲，可能存在好几个优良的特产，也可能存在好几个优势的产业。但是，如果多管齐下，有可能面铺得太大，哪个也不能做到卓越。所以，首先要筛选出最有特色的产品和最有优势的产业，把资源集中使用在这些优势产品和产业上，做出亮点和成效，解决“干什么”的问题。

最典型的例子是陕西洛川。洛川素有“苹果之乡”美誉，全县苹果种植面积 53 万亩，人均 3.3 亩，居全国之首。全县 95% 以上的农民从事苹果种植，农户 95% 的收入也来自苹果产业。2021 年，洛川苹果总产量

98.5 万吨，产值达到 110 亿元，农村居民人均可支配收入达 15900 元。

洛川县本来有很多传统的农业产业，但是，并没有因此向多元化产业发展，而是将力量集中聚焦在苹果产业上，让“洛川”这个地域名为苹果正名，让全国人民都记住了“洛川苹果”。

二、构建一个主体企业

顾名思义，就是要有主心骨，要确定这项事业的主体是谁，解决“谁来干”的问题。在打造农产品区域公用品牌时，政府、龙头企业、农业行业组织以及农户等多方都会参与进来，各个主体之间的责任和义务变得复杂而繁乱。这就需要主体之间密切配合，特别是龙头企业，要担当起主体企业的作用，做真正的领头人。

在各个参与方中，政府的主要作用是政策和方针的引导者，对相关的产业化运作、财政补贴和土地流转等给予政策支持，并为品牌建设找准方向，加大补贴力度，设计完善的品牌建设策略，让品牌在市场竞争中找准着力点。

真正起到领头人作用的是龙头企业。因为龙头企业的主要目标是市场，是客户需求，企业可以更加专业地开拓产品市场。龙头企业对产品的市场定位，对品牌的宣传，都有很强的业务能力。龙头企业还可以通过品牌市场的建设，带动其他中小企业参与整个产业链上的生产和建设，能够更好地利用区域的优势资源。另外，龙头企业自身的品牌也是一种值得信任的背书，能够对区域公用品牌产生正向的影响，既提升企业本身的辨识度，也增加了消费者对产品品牌的信任度，通过区域公用品牌的运营，扩大企业自身的影响力。

三、塑造一个主打品牌

区域公用品牌最大的特点就是，在这个地域的农产品，都能共享同一个品牌，解决“怎么做”的问题。比如，新疆和田的核桃非常有名，大家都知道和田的核桃好，但具体是哪家生产的核桃好，还是哪个企业加工的核桃好，谁也说不上来。整个区域的核桃供应商，或者核桃种植户，都因为这个品牌和这么好的口碑而获得客户并且从中受益。其实，新疆和田的核桃，是在新疆维吾尔自治区国资委新业集团主导下，依托和田核桃农产品区域品牌，以控股成立的和田果之初食品股份公司作为龙头企业，主打“果之初”单一用户品牌，带动和田核桃标准化、产业化、品牌化发展，才最终成为和田的支柱产业。

国际上最有名的案例就是Zespri（佳沛）奇异果，奇异果是代表新西兰国家名片的唯一水果，“Zespri”（佳沛）是新西兰奇异果国际行销公司（前身为新西兰奇异果营销局）的唯一用户品牌，为2700名果农共同拥有。

如果乡村能坚持一个主打产业、一个主体企业、一个主打品牌，做到“三一模式”，就有可能从诸多品牌中脱颖而出，形成自己品牌的独特性和差异性，从而形成竞争优势和进入壁垒。如果再让乡村的文化为品牌赋能，则该品牌更有内涵，更有说服力，发展也更为长久。

第二节　实体化运营体制创新

通过“三一模式”，提炼出本区域最有特点的农产品和最有优势的产业，打造有内涵的品牌，形成独特的差异化优势，让龙头企业引领输出，推动整个区域主体产业的发展。这样一种模式，是多方合力的结果。但是也要看到，因为是区域公用品牌，所涉及的不仅仅是一个村、一个县，往往这个区域可以扩展到一个省。那么，就需要从顶层出发，设计一整套自上而下的体制，来保证品牌的影响力和长久性。

一、对于省级品牌，要建设品牌赋能体系

（一）确立省级主导地位

集聚全省资源打造省级特色农业区域公用品牌。省级政府可牵头进行产品顶层结构规划，从省域自然生态起源、人文历史起源、文化文旅起源、产业结构起源等多角度进行价值提炼，打造省级农业区域公用品牌。

（二）建设省级农业区域公用品牌要统筹全局、纲举目张

树立省级农业区域公用品牌价值大旗，在品牌集群中处于引领地位，带领省内各类农业区域公用品牌分阶段、分层次协同推进，共同发展。

（三）制定农业区域公用品牌战略规划

省级政府对农业区域公用品牌建设路径进行顶层战略规划，制定品牌战略传播方案，围绕省级特色农业区域公用品牌打造核心品类农业区域公用品牌。

（四）明确农业区域公用品牌发展目标——区域特色、国家品牌、世界影响

区域特色即立足于当地区域，选出当地产出的最优质物产，形成覆盖省级核心品类的农业区域公用品牌，争当区域特色第一；国家品牌即立足于区域特色公用品牌，占位国家农业区域公用品牌，争做国家农业区域公用品牌第一；世界影响即农业区域公用品牌建设要具备全球视野，对标国际标准，输出中国情怀，成为中国农业赢得世界影响的新名片。

（五）设置农业区域公用品牌战略支撑

以市场为导向，省级政府组织牵头，市县级政府和领军企业成立运营中心，负责具体实施“五大战略支撑”——品牌质量管理支撑、品牌创新培育支撑、品牌形象传播支撑、品牌溯源管理支撑、品牌渠道建设支撑。围绕“五大战略支撑”制定品牌管理标准，品牌名录中所有的农业区域公用品牌都要严格落实管理标准。

二、对于核心品类品牌：以产业带动品牌价值战略实施

核心品类品牌建设要围绕省级农业区域公用品牌，选择全省范围内优势突出的特色产业，打造一种或多种省级核心品类品牌，支撑省级农业区域公用品牌形象，如吉林大米、宁夏枸杞、寒地龙药等，都是直接从省级

顶层规划打造出的省级核心品类品牌，即通过省内大单品、大声量、大爆破，举全省之力打造的省级核心品类品牌，且核心品类品牌与省级农业区域公用品牌价值保持高度一致，进而带动周边产业协同发展（图 10–2）。

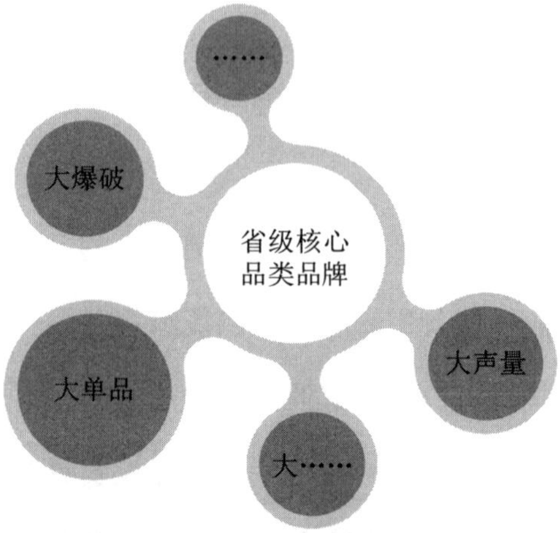

图10–2　打造省级农业区域品牌

三、对于市县级品牌：完成品牌价值整合布局

（一）把品牌建设提升到“一把手工程”

农产品区域公用品牌建设是一项极其复杂的系统性工程，事关乡村振兴战略实施及社会经济发展进程，必须由一把手主抓，统筹兼顾各方意见，在处理复杂问题时要拿出一把手的担当与魄力，关键时刻能及时准确地做出战略决策。

（二）制定明确的农产品区域公用品牌打造方案

在省级农产品区域公用品牌顶层规划下，挖掘各地方特色产业，进行统一、分阶段布局，实现品牌化提升，形成“一县一特”农业区域公用品牌。

（三）设置专业化运营管理机构，优化落实省级标准

由领军企业带头成立农产品区域公用品牌运营中心，同国有涉农企业和有实力的民营企业共同组建运营管理机构，承担省级品牌的运营维护、标准制定、质量提升、创意设计、传播推广、营销策划和保护利用等工作任务。

（四）做大农产品区域公用品牌规模，聚焦产业提升影响力

首先聚焦主导产业，其次是产业消费链升级。各县市农产品区域公用品牌建设还要与当地历史文化、生态旅游等产业相结合，构建三产融合结构，做大产业规模，做强区域特色，建立终端渠道体系，布局线上、线下分销平台终端，实现农产品区域公用品牌规模最大化。

（五）建立农产品区域公用品牌的传播、推广体系

市县级政府及领军企业要根据省级农产品区域公用品牌规划方案，结合实际打造各地农产品区域公用品牌传播方案，规划农产品区域公用品牌形象推广体系，持续输出农产品区域公用品牌形象，连点成线，最终形成覆盖全国的农产品区域公用品牌形象的传播网。

四、对于领军企业品牌：把控品牌价值输出

（一）领军企业担当运营主体

在省内农产品区域公用品牌建设中，领军企业要养成农产品区域公用品牌运营的主体意识，在充分发挥自身的产业优势，夯实农产品区域公用品牌的基础上，打造企业代表性农产品品牌，积极投入精力做精特色产品，把控健康品质，繁荣壮大区域经济。

（二）建设农产品区域公用品牌生产基地

领军企业要时刻做好带头作用，建立现代化、科技化生产基地，进一步提升农产品区域公用品牌的品牌价值，做大、做强农产品区域公用品牌产业基础，助力区域经济快速发展，真正实现乡村振兴战略目标。

（三）从源头把控产品品质

市县级政府和领军企业要严格把控产品质量，带头建立基于数字化、信息化为核心的产品品质立体化追溯管理平台，确保每一款产品都能追溯到人，通过责任倒追保证产品安全、健康、优质，进而提升品牌信誉，保护品牌声誉。

（四）完善产品供应链

企业要主动承担市场中的运营职责，通过代表产业和品类引领市场运营，线上与电商平台建立长期合作关系，线下在大中城市设有经销网点，线上、线下相结合完善产业供应链，让农业、农村、农民和消费者们都能享受到农产品区域公用品牌建设带来的发展红利。

第三节　实体化运营机制创新

农产品区域公用品牌实体化运营最主要的特点就在于政府的引导。政府部门在政策引导、公共服务和监管保护方面起着非常重要的作用，既为品牌创新发展营造良好的环境，又能调动企业的积极性和全社会的参与感，形成良好的农业品牌建设格局。

一方面政府要主导，否则一盘散沙；另一方面企业要经营，否则政府主导落不到实处。只有大家各司其职，互为依托，各自发挥所长，才能实现双轮驱动。这是符合中国国情的农产品区域公用品牌的发展路径。

这就需要我们站在全局的高度，建立推动并引领农业区域公用品牌建设快速发展的创新机制，具体要做好三大工程，实现三级联动。

一、一级：省级农业整体价值背书工程，服务地方，倒逼地方

根据省域的地理位置、地貌特点、农业禀赋，提炼出这个省的农业特色价值并对外传播，形成一种“类文旅”的省级农业品牌效应，从而为省域内的特色优势农业产业、“一地一特”农产品进行平台服务、品质认证、价值赋能，推动全省农业产业高质量发展。

二、二级：省域超级大单品品牌工程，聚焦一产业，影响全世界

站在全国甚至全球的角度，从外向内看一个省的特色农业产业资源，找出全国乃至世界第一或唯一的优势特色产业（品类），打造一个或两个超级大单品品牌，形成产业连片聚集效应，带动全省的品牌农业经济发展。如：国内有宁夏枸杞、吉林大米、湖南茶油、云南普洱等；国际上有法国波尔多葡萄酒、美国爱达荷土豆、美国华盛顿苹果等。

三、三级：县市“一地一特”品牌工程是着力点，是主战场

县市“一地一特”品牌工程，是“乡村振兴、产业兴旺”的着力点，是基本面，是直接抓手，是农产品区域公用品牌建设的主战场。同时也是

对省级农业整体价值工程和省域超级大单品品牌的支撑。“一地一特”区域公用品牌，如盱眙龙虾、寿光蔬菜、横县茉莉花、元阳梯田红米、容县沙田柚、乌兰察布马铃薯、兴安盟大米、伊川小米等，县市聚焦精力打造一个主导产业，不搞大而全的多产业品牌很关键！内蒙古兴安盟有“米、菜、油、糖，猪、禽、牛、羊”八大主导产业，但在区域公用品牌建设上，第一步只聚焦在大米上，仅一年时间，成功将“兴安盟大米”叫响全国，附加值大大提升。

对于“一地一特”（或“一县一特”）工程的实施，统一领导、统筹规划至关重要。要由省级农业主管部门统筹，根据全省的整体规划来选择和实施，避免各自为政，分散资源。尤其是区域公用品牌建设的资金使用，要做到专款专用，明确产业基础投入和品牌创建投入的比例，避免县、市（州、盟）政府不会花、不敢花、胡乱花。为避免效果打折扣，“一地一特”品牌建设，必须作为一把手工程，列入地方党政一把手的考核体系。

只有三级联动，才能以省级为战略服务平台，统筹全局，纲举目张；以超级大单品为省域产业名片，树大影响，做大带动；以县市“一地一特”为抓手，做强一点，带动一片，形成点面结合、上下合力的高效联动效应。

第四节　中国农谷·农创中心规划

建设“中国农谷”是中共湖北省委、湖北省人民政府一元多层次战略体系中的重要组成部分，是湖北省构建中部崛起战略的重要支点之一。

“中国农谷”以荆门市为建设主体。通过“中国农谷”建设促进和带动荆门市全域经济社会的全面协调发展，推动湖北省由传统农业向现代农业转变、由农业大省向农业强省转变，为促进湖北全省跨越式发展，提供可学习借鉴、可推广示范的典范。湖北农谷实业集团以“荆品名门”区域公用品牌为抓手，以中国农谷·农创中心建设为载体和突破口，加快供应链体系和标准化体系建设，为走出去夯实基础。

一、发展策略

（一）打通全产业链可持续运营模式

探索以体验和口碑为基础，打通一二三产业，全产业链掌控，实现质量和安全可追溯，实现可持续的品牌运营。

（二）寻求符合自身实际的产业链组织模式

现代农业产业链包含各种农产品的物流链、信息链、价值链、组织链等链条环节，寻求一种模式将各个层次的链条形成一个有机整体，提升整个产业链的价值。

（三）打造复合型产业融合布局生态圈

打造农康旅复合型产业，通过文化张力延展产业链，生产创意农副产品，创新农业发展模式，通过旅游低成本获取流量，围绕农康旅逐步形成产业生态圈。

（四）打造优势产品品牌形成核心竞争力

结合自身优势，打造优势品牌，做深做透，将战略产品锁定到产业突破的战略高度，形成自身核心竞争力。

二、竞争策略

（一）重构市场边界

“中国农谷”应该在打造农康旅复合型产业的基础上，深挖所在地文化资源，将农特产品、民宿、餐饮、休闲度假、旅居康养、旅游地商品等市场进行整合重塑，打造乡村振兴论坛、农耕文化节、桃花节、长寿节等节庆活动。

（二）聚焦企业愿景

深耕文化，提升产业，带动区域，推进乡村振兴。品牌愿景是从文化入手，落实到生态链。

（三）超越现有需求

通过文化创意，将无边界的创意产业与农康旅产业融合，超越现有需求，带动产业发展。

（四）策略次序要正确

资源整合的社会效益要放在第一位。在“荆品名门”品牌战略实施头几年，主打品牌和通路，之后再打造创意品牌。

（五）克服重大组织障碍，挑战传统思维

“中国农谷”通过“荆品名门”品牌塑造和产业引导资金，吸引大量的经营主体加入，成为经典产业联盟型组织，做到标准化、信息化、精细化管理。

（六）提高模仿障碍，适时不断更新

开放平台，引入更多的创意，用文化创意思维和发展理念，将科技和人文要素融入农业生产，不断增加吸引顾客的产品，实现可持续发展。

三、实施策略

结合当前实施乡村振兴战略的背景，在新形势下为湖北农谷实业集团赋予新的内涵、使命和担当，进一步巩固“中国农谷”地位，在积极争取乡村振兴政策红利的基础上创新机制，优化商业模式，把“创意”作为农业生产的一种新型要素和生产力，促进一二三产业融合和农文旅复合型产业发展，打造乡村振兴示范引领区。

（一）了解乡村振兴的政策红利

2017 年财政部印发的《关于开展田园综合体建设试点工作的通知》（财办〔2017〕29 号）中确定了在河北、山西、内蒙古、江苏、浙江、福建、江西、山东、河南、湖南、广东、广西、海南、重庆、四川、云南、陕西、甘肃 18 个省份开展田园综合体建设试点。

资金扶持额度：

（1）国家级田园综合体：每年 6000 万 ~ 8000 万元，连续三年，比如河北迁西县花香果巷项目，第一批到位资金为 8000 万元。

（2）省级田园综合体：3000 万 ~ 6000 万元，根据各省具体情况确定，比如江苏省 2017 年田园综合体建设试点资金为 3500 万元。

按照《农业农村部办公厅财政部办公厅关于开展 2019 年国家现代农业产业园创建工作的通知》（农办规〔2019〕3 号）要求，突出其产业融合、农户带动、技术集成等功能作用，打造现代农业建设样板区和乡村产业兴旺引领区。中央财政将通过以奖代补方式对认定创建的国家现代农业产业园给予适当支持。只要创建申报通过审批，国家先行补助 10000 万元，用于园区建设。

此外，农村产业融合发展示范园补助资金为5000万元；农村一二三产业融合发展先导区补助资金为2000万~3000万元。

（二）厘清三个关系

结合湖北农谷的实际，找到一条具有荆门特色，符合自身发展特点的模式，以农谷复合型产业发展模式来引领荆门乃至湖北的乡村振兴工作（图10–3）。

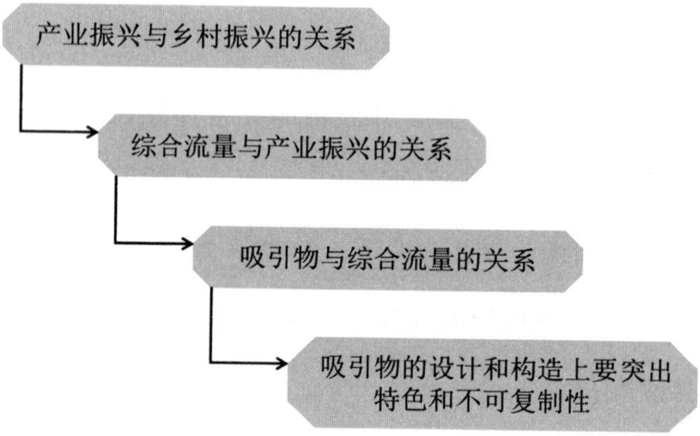

图10–3 “中国农谷”的关系结构

首先是产业振兴与乡村振兴的关系。产业振兴对于乡村振兴来说，它既是基础又是核心。产业振兴的目的是产业兴旺和生态宜居，乡风文明、治理有效都是建立在物质经济基础之上的。乡村振兴战略实施的效果要用农民生活富裕的程度来评价。

其次是综合流量与产业振兴的关系。产业振兴是一个系统工程，田园综合体也好，现代农业产业园也罢，只是产业振兴的一种呈现形式和载体，如何通过一二三产业融合实现产业的最大价值至关重要，综合流量是产业振兴的支撑要素。

再次是吸引物与综合流量的关系。经济发展都是需要客流量来支撑的，所以针对荆门地处内陆、人口总量偏少的实际情况，首要任务就是解决客流量的问题，只要有足够的客流量就能拉动消费，就能带动产业经济的发展，就存在很多的商机，就能带动农民增收致富。

吸引物是指一切能流动和消费的产品或业态，如特色农副产品、旅游度假产品、文化创意产品（包含非物质文化遗产）。通俗地说，就是要给游客一个来荆门的理由。

最后是在吸引物的设计和构造上突出特色和不可复制性。特色是依托地貌、资源禀赋及历史文化等当地资源，经由文化创意的不断迭代来实现的不可复制性，由此打造独具特色的旅游 IP，并通过构建大旅游导流网络，带动荆门的综合流量快速、持续增长。

通过上述关系的梳理，湖北农谷集团更加明确了下一步的发展步骤和策略。

一是围绕产品如何走出去；二是围绕游客如何请进来。不管是走出去也好，请进来也罢，都需要夯实基础，打造走出去的实力和请进来的条件。但如何“走出去”，可以结合互联网思维优化商业模式，选择一条适合自身发展的商业路径；如何“请进来”，可以通过文化创意寻找差异化，深挖本地文化资源，让文化贴近生活、走进生活，打造具有独特体验感的旅游产品。

（三）走出去和引进来相结合

通过资源整合、数字农业、品牌塑造和基地建设，支撑起农业标准化体系，实施产品、模式和资本“走出去”。

产品：通过资源整合，形成集货、集采，采用连锁加盟形式自建通路、塑造品牌、提升价值。

模式：构建农康旅体系，优化产品、增强体验，梳理总结基地运营模式，确保品牌和模式输出。

资本：产品、通路、模式成熟后，可以通过资本杠杆兼并整合，有序扩张，成为真正的“中国农谷”。

同时，要采取“请进来”策略。依据当前的吃、住、行、游、购、娱、商、学、养等九大要素，深挖所在地的文化资源，并围绕农谷集团当前的院士村、国家农业公园、屈家岭考古遗址公园、屈陶屈窑、狩猎公园、国家柑橘公园等项目，通过文化创意和主题定位，打造不同主题、不同风土人情、不同民俗文化的特色深度旅游线路，完善配套设施，增强游客的仪式感和体验感。

深耕农耕体验、研学旅行、周末休闲度假、亲子游、高端商务活动、户外运动、康养旅居等细分市场，并逐步形成国际化的大旅游导流网络，为荆门的经济社会发展提供流量支撑。

参考文献

贺雪峰 .2019. 大国之基：中国乡村振兴诸问题 [M]. 北京：东方出版社 .

李晓红，邓秀新，唐华俊 .2022. 实施乡村振兴战略重大问题研究 [M]. 北京：科学出版社 .

刘守英，程国强，等 .2023. 中国乡村振兴之路——理论、制度与政策 [M]. 北京：科学出版社 .

张孝德 .2021. 乡村振兴——专家深度解读 [M]. 北京：东方出版社 .

图书在版编目（CIP）数据

乡村产业振兴政策与发展模式 / 周华军著 . —北京：中国农业出版社，2023. 10

ISBN 978-7-109-31050-6

Ⅰ. ①乡…　Ⅱ. ①周…　Ⅲ. ①乡村—农业产业—产业发展—研究—中国　Ⅳ. ①F323

中国国家版本馆 CIP 数据核字（2023）第 159604 号

乡村产业振兴政策与发展模式

XIANGCUN CHANYE ZHENXING ZHENGCE YU FAZHAN MOSHI

中国农业出版社出版

地址：北京市朝阳区麦子店街18号楼

邮编：100125

责任编辑：赵　刚

版式设计：杜　然　　责任校对：周丽芳

印刷：北京中兴印刷有限公司

版次：2023年10月第1版

印次：2023年10月北京第1次印刷

发行：新华书店北京发行所

开本：700mm×1000mm　1/16

印张：13

字数：160千字

定价：58.00元
